美容皮膚科医が教える

もう悩まない！

目尻のシワ・目もとのシミはこうして防ぐ・改善する

PHP

はじめに

みなさんは毎朝、鏡を見てニッコリと笑えていますか？

自分の肌を見て、浮かない顔でフーッと深いため息をついてはいないでしょうか？

はじめまして。私は兵庫県西宮市にある美容皮膚科クリニック「西宮ＳＨＵＨＥＩ美容クリニック」の医師で理事長を務めている山本周平です。

当クリニックではシワやシミ、たるみなどのお悩みを抱えて来院される女性を数多く診（み）させていただいております。

中でも、多くの方が悩んでおられるのが、目もとです。

目は顔の主役とも言うべき部位ですから、目もとのシワやシミ、クマなどが目立つようになると、一気に〝老けた印象〟になるからです。

加齢によってシワやシミが増えることは事実ですが、それらはセルフケアによって充分に予防・改善が期待できる一方、目を引くキャッチコピーが冠されたスキンケア用品や美容家電であってもエビデンス（医学的根拠）が不足していれば、得られる効果も期待できないでしょう。

本書では、エビデンスに基づいた、家庭でできるセルフケアをわかりやすく紹介しています。

大切なのは、「健やかな肌は顔のスキンケアだけでは実現しない」ということです。適切なスキンケアに加えて、目や体の筋肉のエクササイズ、健康的な生活習慣などが欠かせません。肌の仕組みやシワ・シミの原因などを紹介した上で、エクササイズの方法や習慣術も解説しますので、できるところからやってみてください。

3カ月もすれば、毎朝鏡を見るのが、とても楽しみになっているはずですよ。

医療法人康徳会 理事長　西宮ＳＨＵＨＥＩ美容クリニック 医師　山本周平

美容皮膚科医が教える
もう悩まない！ 目尻のシワ・目もとのシミはこうして防ぐ・改善する　もくじ

PART 1
もっと知ればきっと改善！「目尻のシワ」と「目もとのシミ」

PART 2
やってみましょう！「すこやか美人肌」セルフケア

PART 3
「目もとのお悩み」を予防・改善する毎日の「すこやか美人肌」習慣

PART 4
「美容皮膚科」に行ってみましょう

装幀・本文組版◉朝田春未
装　画◉河南好美
撮　影◉羽根 慶（七彩工房）
スタイリング◉竹下清人（七彩工房）
ヘアメイク◉山内喜美子（MIX）
モデル◉牛居澪子（SOS MODEL AGENCY）
本文イラスト◉杉山美奈子
編集協力◉清塚あきこ

もっと知ればきっと改善！「目尻のシワ」と「目もとのシミ」

女性の「目もとの悩み」は尽きません

✦「目もと」は顔の印象を左右する大事な部分です

「あれ？　ワタシ、なんだか老けた？」……朝、鏡を見たときに、そんなふうに思ったことはありませんか？　また、久しぶりに会った友人・知人に「彼女、ちょっと老けたかも……」と感じたことがあるかもしれません。

「老化」は誰でも年齢を重ねれば直面することですが、そうはいっても、同じくらいの年齢でも「若々しく見える人」がいることも事実です。

どうしてでしょうか？　その理由のひとつに、「目もとの印象」があるはずです。目尻のシワや目の周りのシミが、「老け顔」の印象をつくり出してしまうのです。

目もとの皮膚は、他の部位のそれに比べて薄いため、状態が如実に表れます。加齢による変化に加えて、生活習慣やスキンケアの影響を受けやすい部分でもありますが、適切なケアを行なえば、老化の予防・改善は充分に可能です。

✦肌に自信が持てると気持ちも前向きに

みなさんにとって「理想的な肌」とは、どのようなものでしょうか？「陶器のように白い肌」でしょうか？「輝くように美しい肌」でしょうか？「男性を惹きつけるような艶(つや)めいた肌」でしょうか……？

そうではありませんよね。そうした「うわべだけ」のイメージではなく、みなさん一人ひとりが本来持っている肌のポテンシャルを充分に引き出せていること。また、健康的ではつらつとした印象であることのほうが大切だと、私は思っています。

健康的な肌とは、譬(たと)えるなら「赤ちゃんの肌」です。たっぷりと水分を含みながらハリがあり、表面はキメが整ってスベスベ……。目指したいのは、そんな肌です。若々しくイキイキとした印象を保つために大切なのは、「自信」です。肌が元気でメークもうまくいった日は、「お出かけしたい！」と思いますよね。反対に肌荒れがひどいと、「今日は誰にも会わない！」と塞(ふさ)ぎ込んでしまうこともあるでしょう。

肌に自信が持てると、気持ちが前向きになります。適切なケアとともに、暮らしの中に「肌によい習慣」を取り入れて、自分の肌に自信が持てるようになりましょう。

シワの原因と種類

✦シワは肌についた「折り目」です

シワとは、ひと言で表現すると、「肌についた〝折り目〟」のことです。

赤ちゃんでも、笑ったり泣いたりすると顔にシワはできますが、大人のシワは、柔軟性やみずみずしさが低下した肌に、〝折り目〟が定着してしまった状態だと考えていただくと、わかりやすいと思います。

加齢とともに老化が進んだ肌は、言ってみれば「ガサガサの和紙」です。目尻や額(ひたい)、眉間(みけん)やほうれい線など、日常動作で皮膚がよく動く部分にシワが刻まれてしまうのは、致し方のないことなのですが、その皮膚が「和紙」であれば、深く刻まれたシワを一所懸命にのばそう、消そうとしても、なかなか難しいことは、簡単にイメージしていただけると思います。

ここではまず、シワの種類を確認しましょう。大きく3つに分けられます。

①
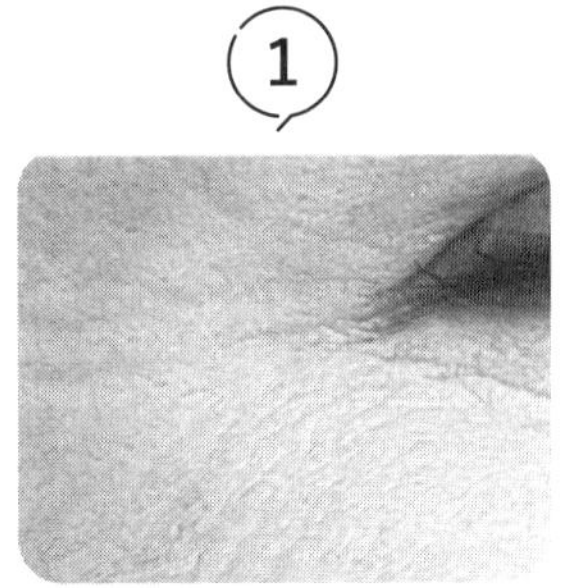
Tanyalev 1978|Dreamstime.com

②
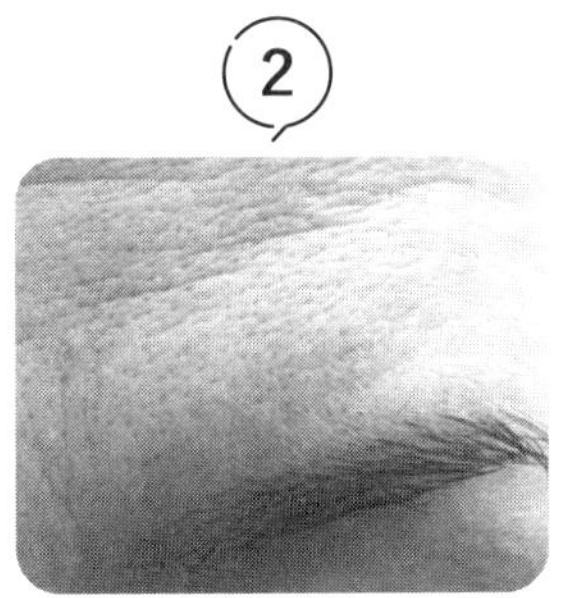
Lazykin Konstantin|Dreamstime.com

③
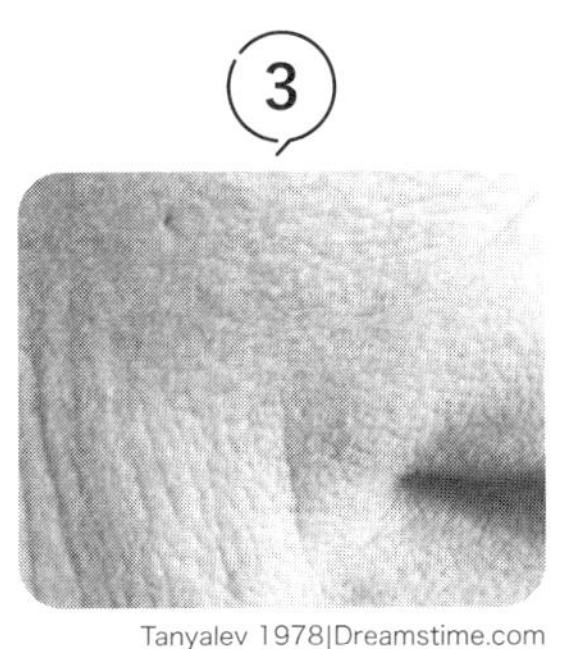
Tanyalev 1978|Dreamstime.com

① 乾燥シワ

目もとや口もとなど、皮膚が薄いところにできやすいシワで、肌の乾燥が主な原因です。比較的浅く、また細かく刻まれます。加齢によって増えますが、若くても「乾燥肌」の人には比較的多く見られます。

② 表情ジワ

目を見開く、眉間にシワを寄せるといった「表情」によってできるシワで、年齢を重ねるごとに深くなります。

③ 光老化によるシワ

紫外線によるダメージ、つまり「日焼け」が原因でできるシワです。紫外線が肌の奥まで到達することによって細胞が変性した結果、肌のハリが失われ、シワができます。

シミの原因と種類

✦シミはメラニン色素の蓄積・沈着です

シミが話題になるときに必ず出てくるのが、「メラニン」という言葉です。メラニンとは体内にある黒色の色素で、私たちの毛髪や瞳（ひとみ）、肌の色などを構成しています。メラニンは、皮膚の内側にある「メラノサイト（色素細胞）」というところでつくられますが、シミとは、このメラニンが蓄積・沈着してしまった状態のことです。

そもそもメラニンは、太陽光の紫外線などから肌を守るために生成されるもので、私たちの体には必要不可欠なものです。あとで詳しく説明しますが、私たちの肌は一定の周期で常に生まれ変わっており（ターンオーバー）、通常はメラニンも同時に排出されるのですが、紫外線やストレスなどでメラノサイトが過剰に刺激され、ターンオーバーで排出される容量以上のメラニンが生成されると、滞留してしまいます。これがシミの正体なのです。

シミ・そばかすができる仕組み

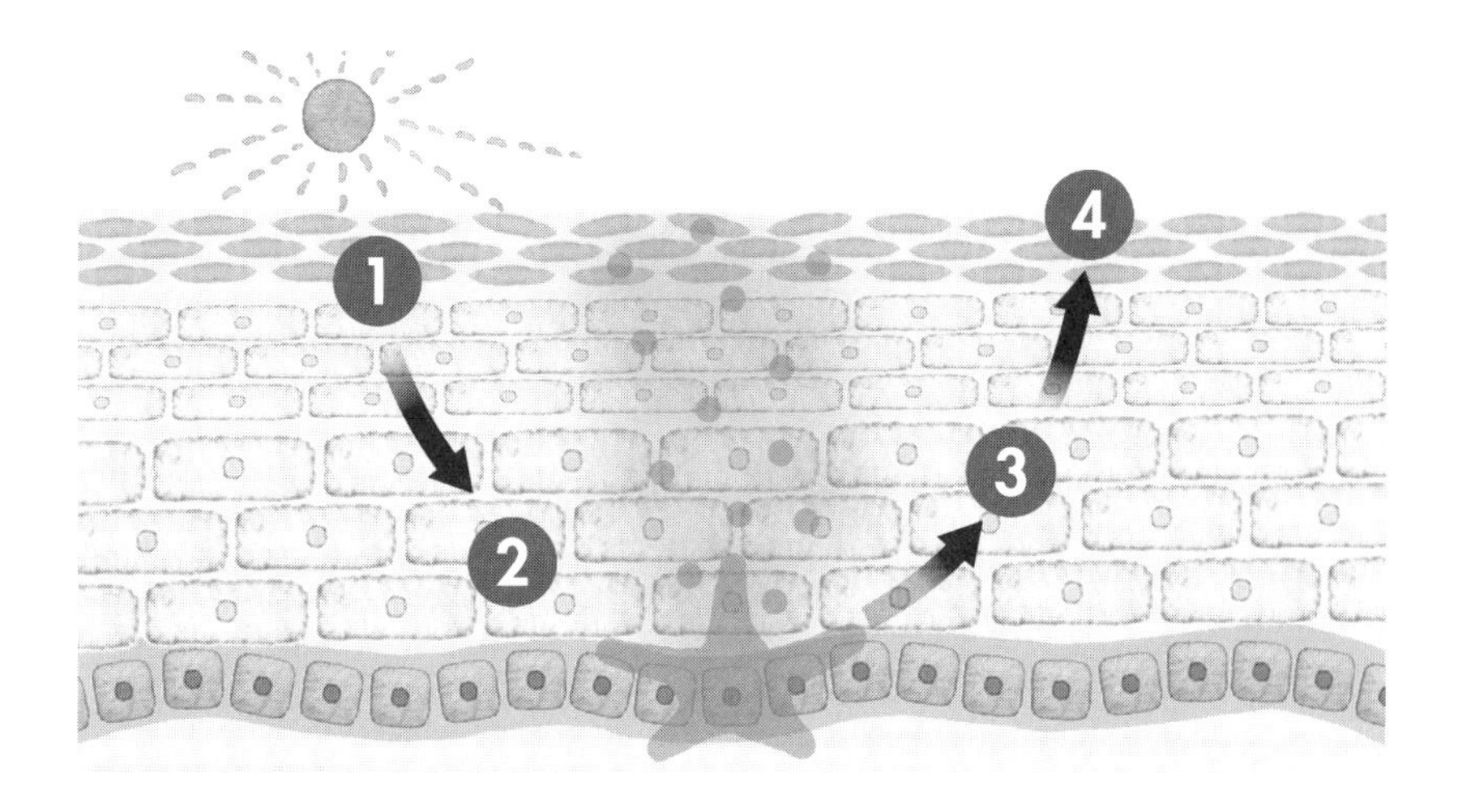

❶ メラニン合成の命令

紫外線を浴びると、肌を守るためにメラノサイトに「メラニン色素をつくれ」という命令が出されます。

❷ メラニンの生成

「チロシナーゼ」という酵素がメラノサイト（色素細胞）の働きを活性化させ、メラニン色素が生成されます。

❸ 生まれたメラニンを肌表面に運ぶ

生まれたメラニン色素はケラチノサイト（角化細胞）が取り込み、分裂しながら肌表面へ上がっていきます。

❹ 黒色のメラニンが肌表面（角層）に沈着

肌表面近くまでたどり着いたケラチノサイトは多量のメラニンを含んでいるため、肌表面が黒ずんで見え、シミやそばかすになります。

✦いちばん多いのは「加齢によるシミ」です

シミは、主に4つに分類することができます。

① 老人性色素斑（ろうじんせいしきそはん）

頬の高い位置によく見られる、丸く、境界がはっきり見えるタイプのシミで、多くの人に見られます。主な原因は紫外線です。加齢に伴って徐々に色が濃くなっていきます。

② 炎症後色素沈着（えんしょうごしきそちんちゃく）

ニキビや吹き出物などで肌に炎症が起こったことによって産生されるメラニンが沈着したものです。老人性色素斑とは反対に、徐々に色が薄くなっていきます。

①

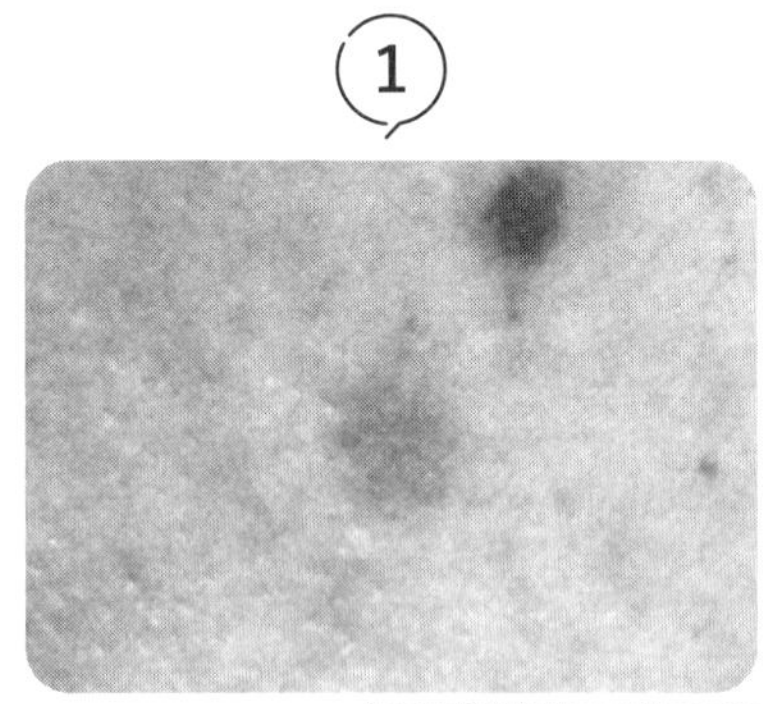

Saman Sukjit|Dreamstime.com

②

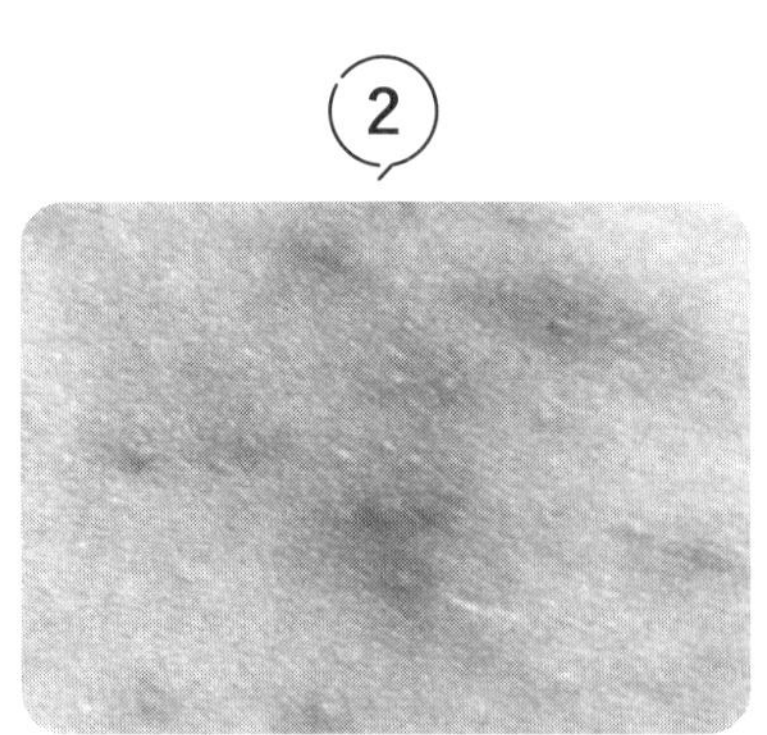

Chalermphon Kumchai|Dreamstime.com

③ 肝斑（かんぱん）

頬骨周辺に左右対称的にできるシミで、比較的広い範囲に表れます。境界がモヤッとしているのも特徴のひとつです。原因は定かではありませんが、紫外線や女性ホルモンが関係しているのではないかと考えられています。いわゆる「更年期」に発症することも多くあります。

④ 雀卵斑（じゃくらんはん）

「そばかす」のことです。

鼻の周りから頬にかけて細かな斑点が広がることが多く、多くの場合は遺伝的な要素によります。一般的には、10代の頃から現れはじめます。

③

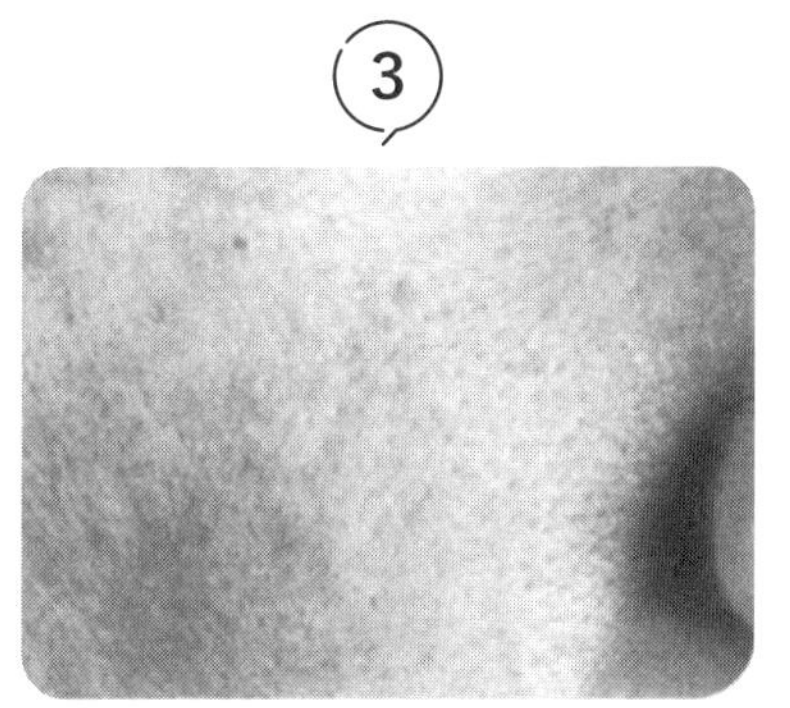

Siam Pukkato|Dreamstime.com

④

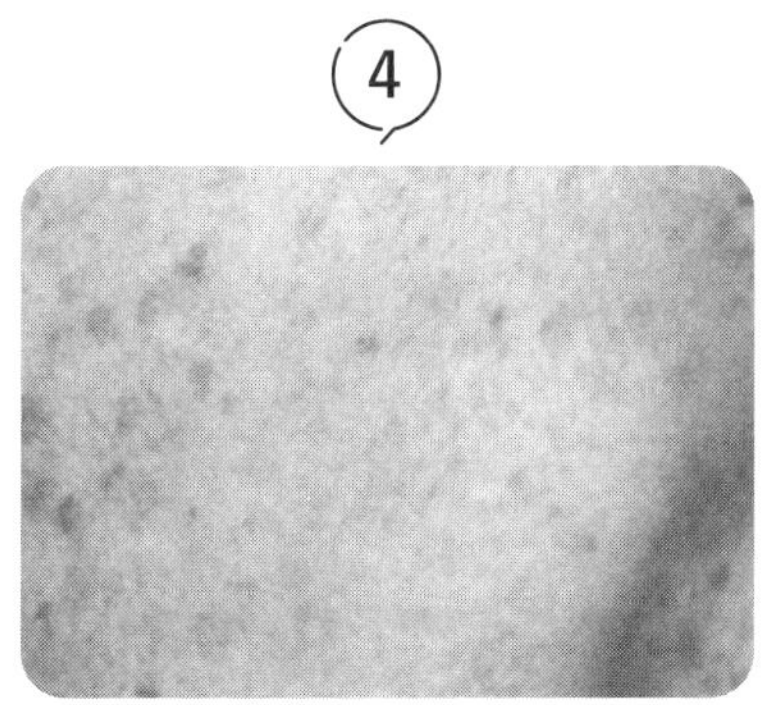

Wiracha Unmattaaree|Dreamstime.com

皮膚の仕組みと役割

✦皮膚が外的な刺激から体を守ります

皮膚（肌）は、医学的には「私たちの体を包む臓器」と捉えることができ、人体の臓器の中でもっとも外側にあり、かつ、もっとも大きな臓器と言うことができます。

皮膚の役割は、体の内部を守ることです。ご存じの通り、私たちの体の約6割は水分ですが、それら水分の蒸発を防いだり、紫外線などの外的刺激から体内を守ったりする「バリア機能」を担っているのが皮膚なのです。

また、皮脂や汗を分泌しているのも皮膚です。体内に溜まった老廃物を排出する機能もあります。さらに、汗をかくことで私たちは一定の体温を保とうとしますから、皮膚は体温調節も担っているのです。

特に「バリア機能」は、皮膚の役割の中でいちばん大切なものです。バリア機能の低下はさまざまな健康トラブルの原因となり、シワやシミにも大きく関わります。

✦シワやシミには「表皮」のケアが大切です

私たちの皮膚は3層構造で、外側から順に、「表皮」「真皮」「皮下組織」で成り立っています。

皮下組織は、いわゆる「皮下脂肪」で、血管も通っていますが主に脂肪細胞で構成されています。外からの刺激に対する緩衝材の役割や、栄養素の貯蔵庫としての機能もあります。

皮膚の仕組み

真皮は毛細血管やリンパ管、神経が通っているほか、皮脂を分泌する「皮脂腺」や汗を分泌する「汗腺」も通っています。

そして、体のもっとも外側にある表皮が、皮膚の大切な役割であるバリア機能を担っています。

表皮はとても薄く、顔の表皮であれば約0・2ミリ程度です。手のひらで約0・8ミリ、足の裏で約1・4ミリですから、顔の表皮がいかに薄く、繊細であるかが想像していただけると思います。

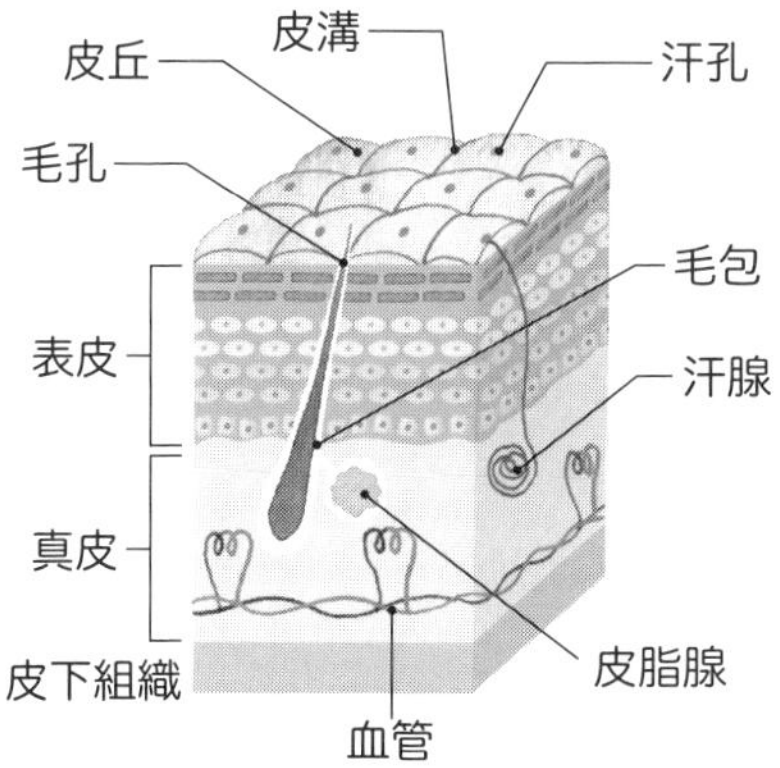

✦表皮はさらに4層に分かれています

薄い表皮は、さらに4層に分かれており、外側から「角層」「顆粒層」「有棘層」「基底層」と呼ばれますが、すべて、「ケラチノサイト（角化細胞）」という細胞で構成されています。ケラチノサイトは表皮の底にある基底層でつくられ、「新陳代謝」によって少しずつ体の外側に押し出され、角層に到達すると自然に剥がれ落ちます。この働きを「ターンオーバー」と言い、通常約28日周期とされていますが、加齢とともにその周期は長くなり、50歳なら50日程度というように、一般的には年齢の数字と同じ日数程度がかかると言われています。ただし、生活習慣やエイジングケアで、その日数は短くも長くもなります。折り目（シワ）が定着しにくい肌とは、ターンオーバーが健全な皮膚のことなのです。

また、メラニン色素をつくり出す「メラノサイト」も基底層にあります。先ほども説明しましたが、メラノサイトは決して悪者ではなく、紫外線（UV）を吸収して私たちの体を守ってくれる大切な役割を担っています。シミの原因は、メラノサイトの「過剰な産生」ですから、適切なUVケアが必要です。

表皮とターンオーバー

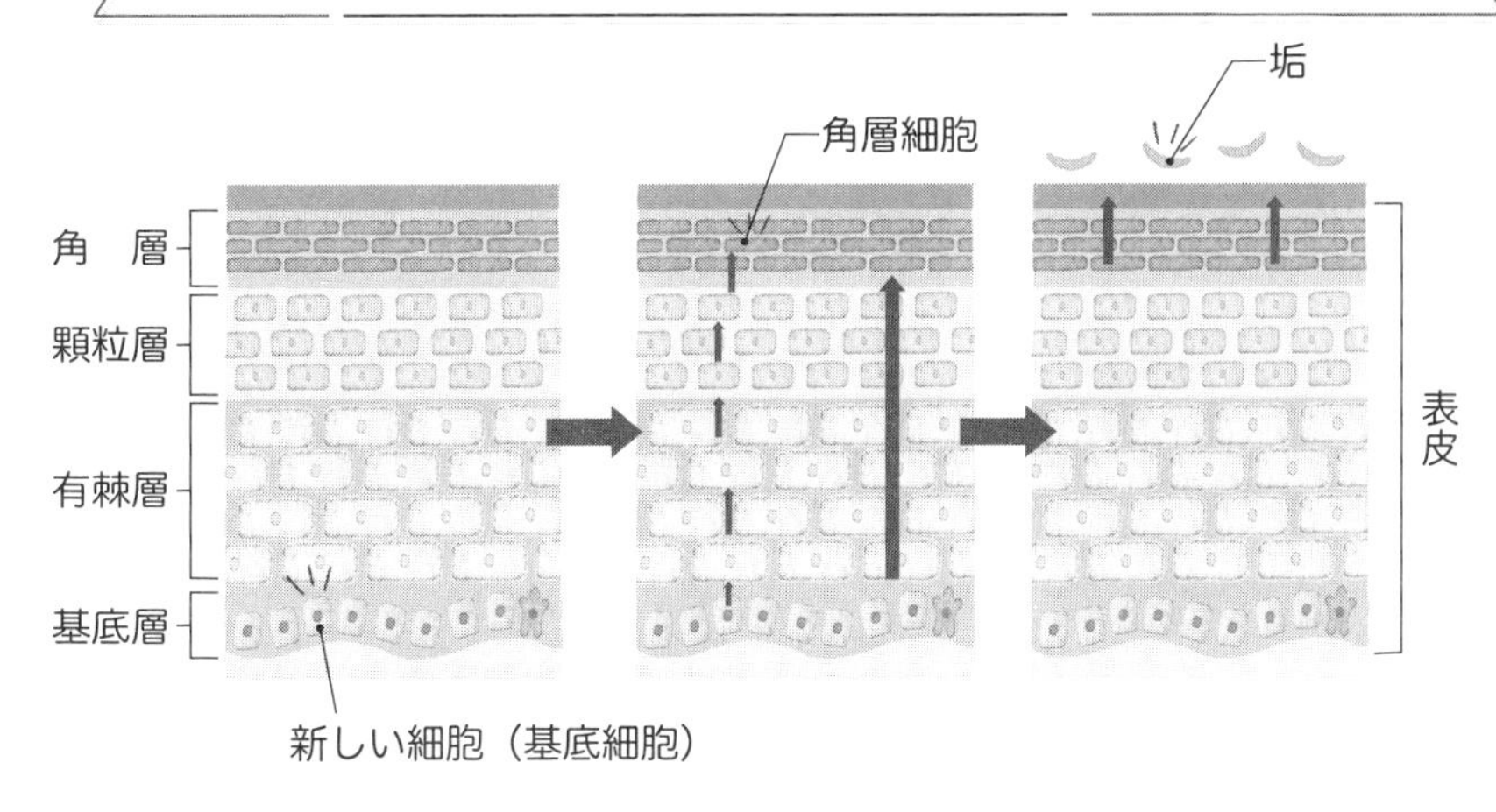

◆「角層の乱れ」がシワの原因に

ケラチノサイトは、角層にたどり着く頃には「細胞核」を失い、「角層細胞」となります。角層の表面には角層細胞が幾重にも重なっており、表面から「垢（あか）」となって剥がれ落ちます。

また角層は、吸水性と保湿性に富んでおり、通常は20～30％の水分を含んでいます。

さらに角層の表面には、皮脂と汗が混じり合ってできた「皮脂膜（ひしまく）」があり、水分の蒸発を防ぐとともに、肌のうるおいを保っています。

シワの原因は「乾燥」にあると先に説明しましたが（11ページ）、乾燥を感じるときは、「角層に乱れが生じている」ということでもあるのです。

肌トラブルの「本当の原因」

✦皮膚の奥にある真皮の変化によって起こります

シワなどのトラブルは肌の表面で見えるものですから、皮膚の3層構造のうち、いちばん外側の「表皮のトラブル」と考える方が多いのではないでしょうか？　実はそうではないのです。シワやシミは、表皮の奥にある「真皮」の変化によって起こります。

真皮の状態は、肌のハリや弾力に大きく関わっています。真皮は水分や「ヒアルロン酸」などで構成されるゲル状の組織で、そこにしっかりとしたハリを持つ「コラーゲン線維」と、弾力のある「エラスチン」が、網目のように並んでいます。

コラーゲンとエラスチンは、共に「線維芽細胞（せんいがさいぼう）」でできています。18ページで「ターンオーバー」の説明をしましたが、残念ながら線維芽細胞にはターンオーバーがなく、年齢とともに減少していきますから、一般的には25歳前後を境に、ハリや弾力が失われていってしまいます。

真皮の仕組み

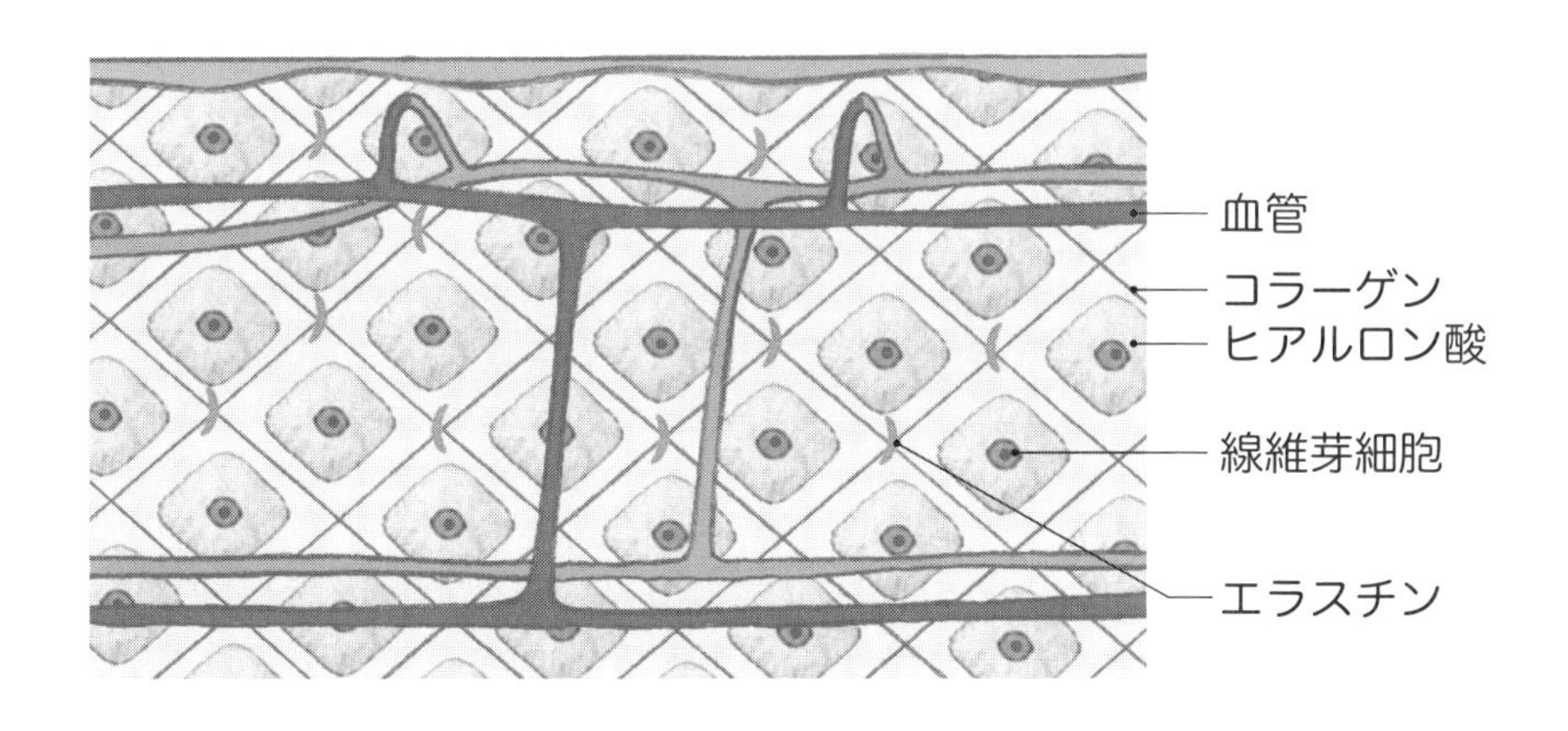

線維芽細胞の増殖能力の低下

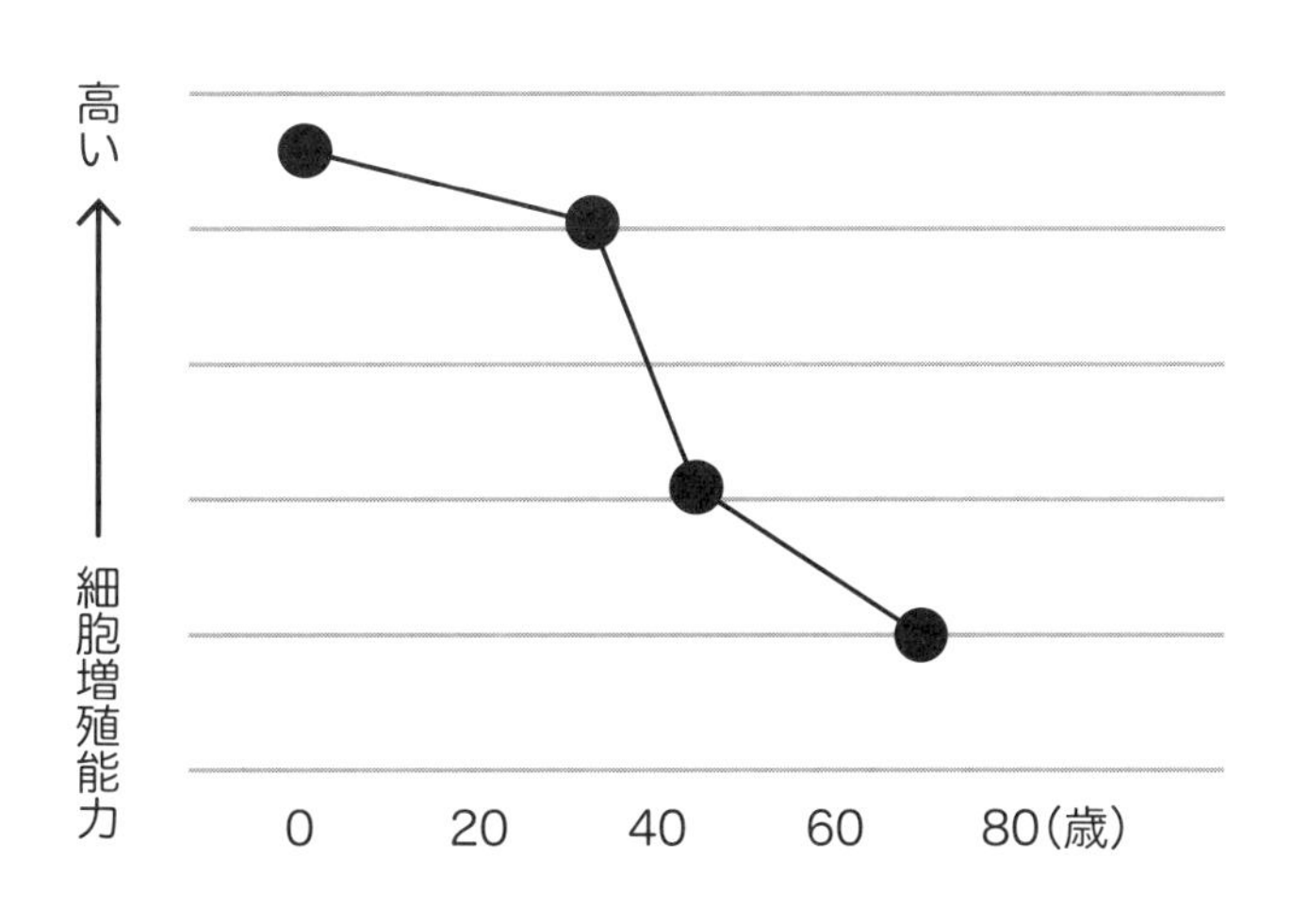

✦「老化」とは「細胞の酸化」です

線維芽細胞の老化（ハリや弾力の低下）の原因のひとつとして、体の「酸化」が挙げられます。酸化とは、ある物質が酸素と結びつくことです。鉄が酸素と結びつくと錆びるように、体も酸化すると錆びついて、さまざまな弊害が生じてくると言えます。

呼吸によって取り入れられた酸素は、体内でさまざまな成分と反応することにより、「活性酸素」となります。活性酸素は免疫機能を担う一方で、過度に増加すると細胞一つひとつを傷つけ、老化を促してしまいます。激しい運動や喫煙、大気汚染、また肉体的、精神的なストレスなどが、活性酸素を増加させます。

さらに、活性酸素をつくり出す大きな要因が、紫外線です。紫外線にはＵＶＡとＵＶＢの２つがありますが、このうち波長の短いＵＶＢは、表皮の底の「メラノサイト」を刺激し、「メラニン」を産生させます。一方、波長の長いＵＶＡは真皮まで到達し、線維芽細胞に損傷を与えてしまいます。

シワやシミが増えると「老けた印象」を周囲に与えますが、それは単なる印象だけではなく、事実として皮膚の細胞が酸化し、機能が衰えている結果なのです。

✦「糖化」が起こると「悪循環」が始まってしまいます

近年、酸化とともに肌の老化に関して注目されているのが、体の「糖化」です。イメージしやすいのは、こんがり焼けたホットケーキでしょうか。生地や砂糖に含まれる糖分と、バターや卵といったたんぱく質を加熱すると「きつね色」になりますが、これを「メイラード反応」と呼び、茶褐色の色素は「メラノイジン」です。

メイラード反応は、体内でも起こっています。血液中の糖質が体内のたんぱく質と結びつき、AGEsという物質をつくり出します。AGEsとは、Advanced Glycation End Productsの略で、「終末糖化産物」と呼ばれています。AGEsは体内のさまざまなところに好ましくない影響を及ぼしますが、たとえば真皮にある「コラーゲン」や「エラスチン」に結びつくと、ハリや弾力を失わせ、シワやシミの原因となります。

さらに悪いことに、体内で糖化が起こると、活性酸素が生まれます。つまり、「糖化」が起こると、さらに酸化に進み、老化が早まってしまう」という悪循環が始まってしまうのです。この悪循環こそが、シワとシミの本当の原因だと言えるでしょう。酸化と糖化を防ぐ習慣術などについては、PART3で紹介します。

体の「酸化」と「糖化」

酸化	糖化
体が「錆びる」	体が「焦げる」
紫外線 ストレス 喫煙 化学物質 アルコール	炭水化物 糖類 清涼飲料水 運動不足 栄養バランスの乱れ
活性酸素が増加	糖とたんぱく質が結合しAGEsが蓄積

肌老化

肌荒れ

たるみ

くすみ

ハリ

シワ

シミ

PART 2
やってみましょう！「すこやか美人肌」セルフケア

「すこやか美人肌」のためのスキンケアとエクササイズ

✦「健康な肌」には内側からのアプローチが大切です

シワやシミが少なく、ハリと弾力、うるおいが保たれている「すこやか美人肌」になるために、私は次の３つが大切だと考えています。

①適切なスキンケア（27〜48ページ）
②筋肉のエクササイズ（50〜63ページ）
③肌によい生活習慣（PART3）

３つもあると、少し億劫（おっくう）に感じる方がいらっしゃるかもしれませんが、もちろん、できることだけで構いません。①と③を毎日の習慣にしながら、②にも取り組むことができれば、肌本来の力と若々しい印象を取り戻すことができると思います。

スキンケアの基本は「洗顔」「保湿」「UVケア」

✦過剰な基礎化粧品は不要です

肌（皮膚）は役割の異なる層が重なっており、ターンオーバーの仕組みも備わっているので、本来であれば、肌に備わる力に任せておけば、特別なケアは必要ないと言えます。とはいえ、現代の多くの女性の生活において、「何もせずに放っておけばよい」というのは、現実的ではありませんよね。毎日の暮らしにメークは不可欠でしょうし、紫外線や大気汚染など、さまざまなストレスが肌に悪い影響を及ぼしてもいます。「適切なスキンケア」において大切なセルフケアを、３つ紹介します。

① こすらない洗顔

肌を清潔に保つことが大切です。先にも説明した通り、現代の暮らしでは、屋外を歩くだけでも、自動車の排気ガスに含まれる有害物質などが肌に付着します。帰宅したらメークを丁寧に落とし、きちんと洗顔をして肌をきれいにしましょう。

洗顔で注意したいのは、「ゴシゴシこすらないこと」です。顔の皮膚（肌）は、筋肉と骨が細い靭帯でつながっているのですが、肌を必要以上に摩擦すると、その靭帯が伸びたり切れたりしやすくなってしまいます。

また、角層内には水分を保持する「セラミド」が細胞と細胞の間をつないでいるのですが、セラミドも摩擦にとても弱く、軽く圧迫されるだけで水分を流出させてしまいます。さらに「洗いすぎ」は、肌表面の乾燥を防いでいる皮脂膜を剥がしてしまうことにもなります。

クレンジング料にはさまざまなタイプのものがありますが、ファンデーションなどのメークは油分になじんで落ちるので、オイルタイプのものがよいでしょう。たっぷりのオイルでメークを浮かせ、あとは洗顔料で流します。

洗顔の際は、洗顔料を丁寧に泡立てて、泡で顔を包むようにやさしく洗い、両手ですくったぬるま湯ですすぎます。洗顔料を完璧に洗い流す必要はありません。7～8割落としておけば、あとは自然に落ちていきます。

クレンジングの手順

1

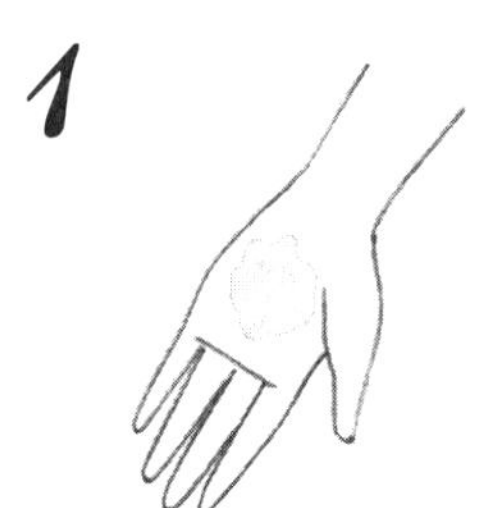

クレンジング料を手に取る

基本的には、メーカーが推奨している量を使います。多めに使うと摩擦が避けられるのでおすすめです。

2

メークとなじませる

肌を摩擦しないように注意しながら、やさしくクルクルとメークとクレンジング料をなじませます。円の中心から円周に向けて広げていくのが基本です。上下に動かすと摩擦が起きやすいので注意。

3

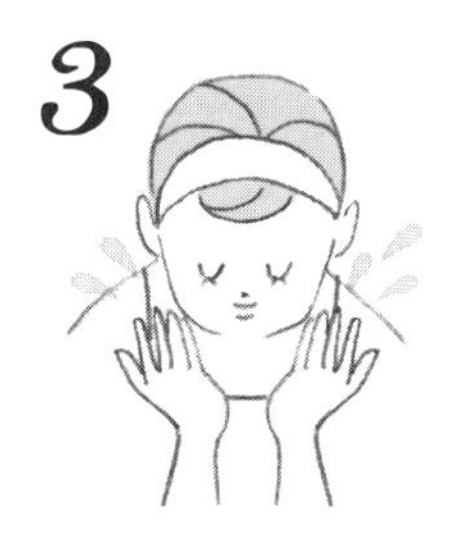

ぬるま湯ですすぐ

ぬるま湯で2〜3回、しっかりとすすぎます。ぬるま湯の温度は35℃程度で、手の温度とだいたい同じくらいが目安です。

洗顔の手順

1

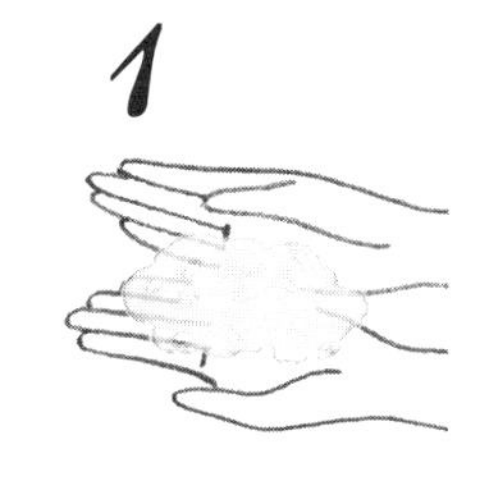

洗顔料を手に取る

基本的には、メーカーが推奨している量を使います。多めに使うと摩擦が避けられるのでおすすめです。

2

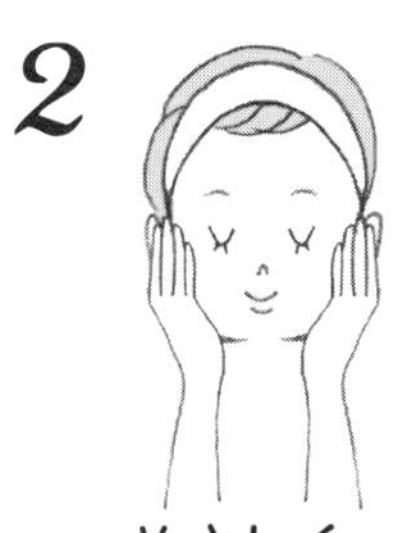

やさしく汚れを落とす

泡立てた洗顔料を肌にやさしく当てて、クルクルとなじませます。クレンジングと同様、摩擦が起こらないように注意します。

3

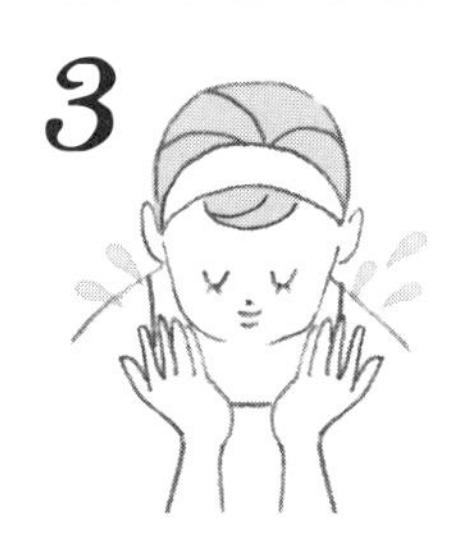

ぬるま湯ですすぐ

ぬるま湯で2〜3回、しっかりとすすぎます。濡れた顔をタオルなどで拭くときも、摩擦が起こらないように注意します。

② シンプルな保湿でもよい

洗顔のあと、化粧水に始まり乳液、美容液、美容クリーム……と「ライン使い」でたくさん塗る方も多いと思いますが、出費がかさむわりには、期待しているほどの効果が得られないものです。

保湿に関しては、シンプルで構わないと思います。

おすすめの保湿ケアは、「皮脂に近い成分のオイル」を使うことです。

洗顔をするとどうしても皮脂が奪われるので、水分も蒸発しやすくなりますから、オイルでフタをするという考え方です。

抗酸化作用（酸化を抑える働き）のあるビタミンAやビタミンC、ビタミンEなどが含まれているものがよいでしょう。

オイルの前に化粧水を使っても問題はありません。

セラミド成分入りの化粧水は、即効性は期待できないかもしれませんが、長期的に見れば、肌の「自己再生力」を高めると考えられています。

③ こまめなUVケア（紫外線対策）

洗顔と保湿に関しては、必要最低限のものをおすすめしましたが、UVケア（紫外線対策）については積極的に行なってください。

皮膚が紫外線によって変化することを「光老化」と言いますが、これは年齢ではなく、紫外線を浴びた時間と強さ（つまり紫外線の量）に比例します。光老化は進行すると皮膚がごわつき、色も濃くなり、シワやシミもできやすくなります。真皮の線維芽細胞が破壊されるので、たるみなども顕著になります。

「外出しない日は日焼け止めを塗らない」という方も多いと思いますが、紫外線は窓からでも屋内に入ってきます。曇りの日や冬季でも、やはりUVケアは必要です。毎日、朝から塗っておくことをおすすめします。

市販されている日焼け止めのパッケージには「SPF」という数値が記載されています。SPFは、数値が高いほど日焼けが抑えられるということではなく、「紫外線による炎症を、何も塗らない場合に比べてどのくらい遅らせられるか」を表した数値です。たとえば、紫外線を浴びて30分で炎症（日焼け）が起きる人で考えると、SPF30の場合、30分×SPF30＝900分（15時間）、日焼けが防げる、という意味です。

ＳＰＦ50になれば日焼けを防げる時間は増えますが、日焼け防止効果そのものは同じなので、日常使いにはＳＰＦ30で充分です。

日焼け止めでもうひとつ注意していただきたいのが、「紫外線吸収剤」と「紫外線散乱剤」の違いです。

先にも説明した通り、紫外線には波長の違いでＵＶＡとＵＶＢの2種類がありますが、紫外線吸収剤は、紫外線のうち表皮に作用するＵＶＢをカットする効果があるので、海水浴や屋外スポーツなど、紫外線対策が特に必要な場合には有効です。しかし肌にとっては刺激が強く、人によっては肌トラブルを招きます。紫外線吸収剤の含まれていない商品には「ノンケミカル」、あるいは「紫外線吸収剤フリー」の表示があるはずです。一方、紫外線散乱剤には、肌に当たった紫外線を散乱、反射させることで日焼けを防ぐ働きがあります。ＵＶＢだけでなく、真皮に到達するＵＶＡにも効果があり、肌への負担も比較的軽くなります。

長時間強い紫外線にさらされる場合には、紫外線散乱剤の入ったタイプの日焼け止めをベースに塗ってから、紫外線吸収剤入りの日焼け止めを塗れば、肌への負担が少しは緩和できます。

UVA と UVB

エネルギーが強く、表皮にダメージを与え、**炎症**（肌が赤くなってヒリヒリする状態）を起こす。

↓

SPF

肌が赤くなってヒリヒリする状態（炎症）を引き起こすまでの時間を何倍延ばせるかを表したもの。

炎症を起こす時間(分)×SPF 値＝炎症を引き起こすまでの時間（分）

SPF 10～30	日常生活（通勤・通学・外出）
SPF 30～50	レジャーやスポーツなど屋外での活動

波長が長く、地上の紫外線の約9割を占める。真皮まで届き、**シワやたるみの原因**になる。

↓

PA

UVA の防止効果を「＋」で表したもの。

PA＋	効果がある
PA＋＋	かなり効果がある
PA＋＋＋	非常に効果がある
PA＋＋＋＋	極めて効果がある

生活シーンに合わせた日焼け止めの選び方の目安

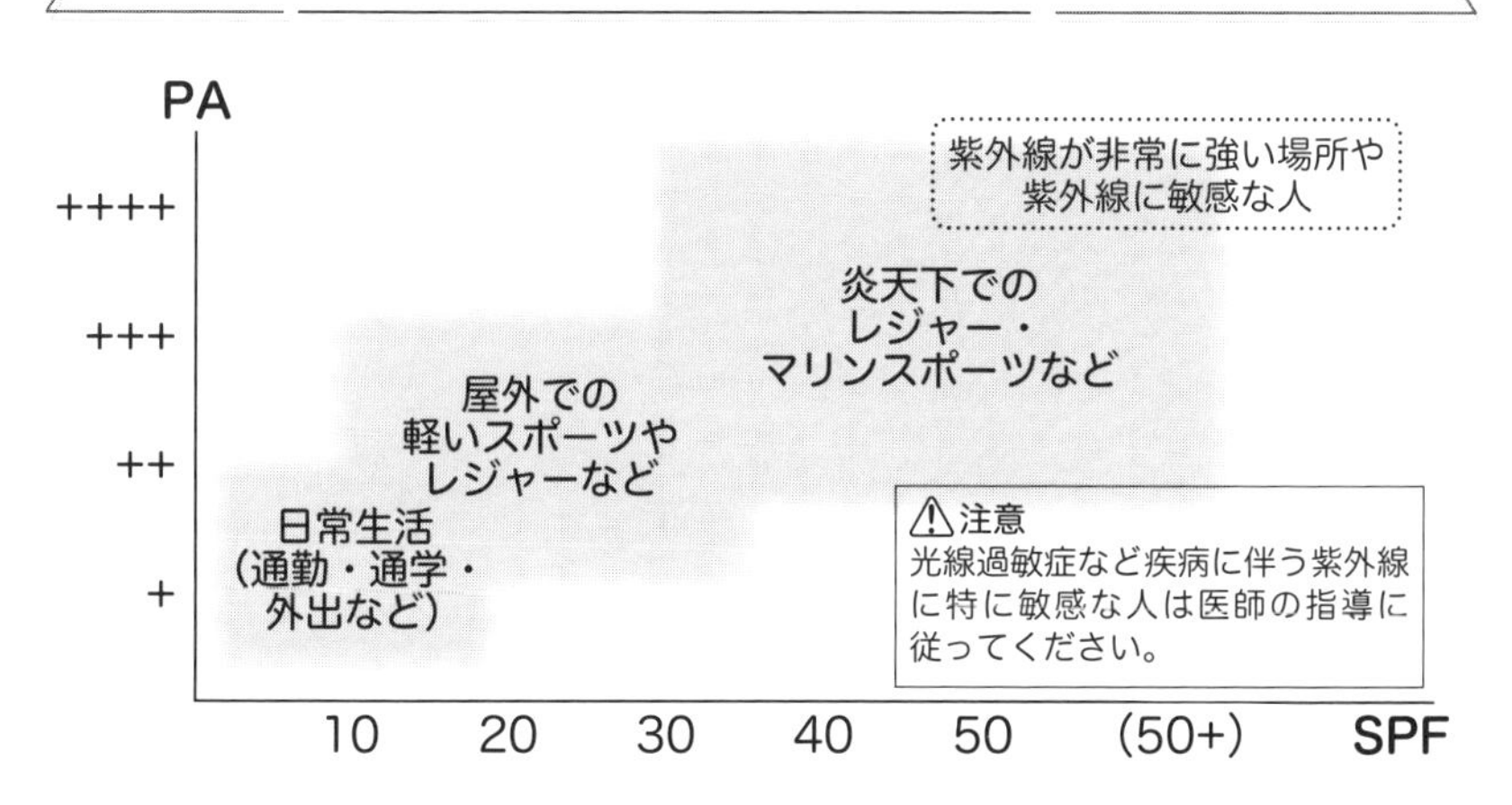

クレンジング料と洗顔料の選び方

✦成分表示の順番を確認しましょう

クレンジングのポイントは、メークになじむクレンジングオイルを使うことです。商品の「成分表示」は、配合量が多い順に書かれており（ただし1％未満は任意の順に記載されます）、油性成分が先に記載されているものが多いほうが、メークなじみもよいと言えます。

「イソドデカン」「イソノナン」などの「イソ」が頭につくもの、または「パルミチン酸エチルヘキシル」「エチルヘキサン酸セチル」などのように「エチル」「ヘキシル」「ヘキサン酸」など、2つの成分がひとつになっている成分などがその例です。

また、肌はふやけるとバリア機能が低下します。クレンジングは肌の負担になりやすいので、入浴前か、入浴後すぐに行ないましょう。

✦よい洗顔料はつっぱりません

肌の皮脂量は人によって異なりますから、「よい洗顔料」の要件を一概に言えるものではありません。「みなさん一人ひとりの肌に合うものがいちばんよい」というのが正解でしょう。

目安としては、洗い上がりの肌がつっぱらないものが、あなたの肌に合った洗顔料です。洗顔後5分経ってもつっぱりを感じなければ、問題なしと考えてよいでしょう。

成分としては、まずは刺激の少ない「アミノ酸系」や「弱酸性」を謳ったものから始めます。「それではどうも汚れが落ちない」という方は「石けん系」の洗顔料を試してみましょう。石けんは脂肪酸と水酸化カリウムの化合物で、脂肪酸の代表的なものは「ラウリン酸」「ミリスチン酸」「パルミチン酸」「ステアリン酸」の4つです。成分表示には、「ラウリン酸K」と記載されていることもあります。

また、洗顔料に「美容エキス」が配合されていることがありますが、洗顔料はきれいに洗い流すことがいちばんの役割ですから、配合されているそうしたエキスも流れてしまいます。美容成分の投入は、保湿段階のほうがよいと思います。

肌にやさしいメーク

✦「メークをしている時間」をできるだけ短くしましょう

下地、コンシーラー、ファンデーションといったベースメークに加えて、チークやアイライナー、アイシャドウ、リップとたくさんのものを「塗り重ねる」毎日のメークは、皮膚（肌）にとってはやはり大きな負担です。

1日中、長時間にわたってメークをしている肌に大気中の有害物質や皮脂などが混ざり合って「酸化」すると、シミやシワの原因になります。特にメークをして外出した際などは、帰宅したらすぐに落とすようにしましょう。外出だけではなく、1日の中で、メークをして過ごす時間をできるだけ短くすることが、肌にはやさしいと言えます。

気をつけたいのは、「ロングラスティング」「ウォータープルーフ」「皮脂や汗に強い」などという触れ込みで「カバー力（りょく）」の高さを強調しているものです。これらは往々にして、肌に大きな負担を強いることが多いようですので、おすすめできません。

✦フェースマスクの効果は「?」です

肌の保湿のために、市販の「フェースマスク」を愛用している方も多いと思います。これらは、推奨される使用時間がない場合は、15分～20分以内にしておきましょう。

医学的には、外面からのケアが入っていくのはせいぜい「表皮」までで、それより奥（中）へは、皮膚の防御機能が働いて入っていくことはありません。どんなによくできた化粧水でも、私たちの体にとって「異物」であることには変わりがありません。化粧水がそのまま「うるおい」として肌にとどまることは、残念ながらありません。

さらに、多くの化粧水の成分の8～9割は水分です。そもそも化粧水は保湿が目的ではないので、パックをしたところで、それは一時的に水分でうるおっただけのことですから、パックのあとに保湿をすることを忘れないようにしましょう。

余談ですが、「毛穴の黒ずみ」が気になるからと「毛穴パック」をしたり、ピンセットなどで毛穴の詰まり（角栓（かくせん））を取り除いたりする方がいらっしゃいますが、おすすめできません。角栓は自然に取れるものです。無理に除去すると逆に肌トラブルを招くことのほうが多いので、どうしても気になる場合には、美容皮膚科で受診しましょう。

「無添加」「オーガニック」ってどうなの？

✦「無添加」表示は任意です

近年の「自然派ブーム」によって、「無添加」を謳う化粧品がとても多く見られます。無添加化粧品とは、1970年代の化粧品トラブルを受けて、1980年に登場したもので、当時の厚生省が定めたアレルギー反応や皮膚炎、発がん性の恐れがある103種類の成分である「表示指定成分」を含まない化粧品のことです。

しかし2000年に法改正があり、化粧品も全成分を表示しなければならなくなりました。そのため、無添加化粧品と謳うためのルールも曖昧になり、今では特定の成分を使っていないことをあえて強調するために、各メーカーが独自の判断で「無添加」と謳っているのが実情です。つまり、Aというメーカーは「防腐剤」を使っていないことを特に主張したいがために「無添加」と言い、Bというメーカーは特に「殺菌剤」を使っていないから「無添加」だとしていることが、往々にしてあるのです。

✦日本の「オーガニック」には基準がありません

「無添加」と同様、「オーガニック」という表記もあります。「肌に直接つけるものだから」とオーガニックにこだわっている方もいらっしゃるでしょう。

そもそもオーガニックとは、化学組成の肥料や農薬を使わない「有機栽培」を指す言葉なので、農産物に対して使用するものです。化粧品の場合は、有機栽培された植物由来の成分を配合している場合に、オーガニックと表記されることが多いようです。

諸外国では、フランスの「ECOCERT（エコサート）」やアメリカの「USDA」など、政府機関や第三者認証機関の審査基準があり、適合しない化粧品はオーガニックと謳えませんが、日本では化粧品に関するオーガニックの認定基準がない現状です。したがって、極端なことを言えば、オーガニック植物の成分を、ほんの少しだけでも配合していれば、オーガニックと謳うことができるわけです。

コンプライアンス意識の高まりから、自主基準を設けて品質を担保しているメーカーもありますが、単に「オーガニック」という記載があるだけで、それがそのまま「安全・安心」を必ずしも保証するものではないことは、覚えておいてください。

✦「何が入っているか」と「何が入っていないか」

とても高価な化粧品には「よい成分」が配合されていて、ドラッグストアなどで買える「プチプラコスメ」は価格相応――そんなふうに考える方が多いかもしれませんが、価格と効果は必ずしも比例するものではありません。

広告や商品パッケージにはさまざまな成分名が記載されていて、迷ってしまう方も多いと思いますが、化粧品選びでは、「何が入っているか」以上に、「何が入っていないか」が大切だと、私は考えています。

化粧品に必要な防腐剤や界面活性剤、香料や着色料の中には、人によっては肌への刺激の原因になるものもあります。

肌によいとされる成分が高濃度で配合されているとしても、そのほかの成分で肌トラブルを招いていては、元も子もありません。

昨今では、植物由来の成分で賄(まかな)っている化粧品や、「〇〇フリー」といったアイテムもありますから、「何が入っているか」以上に、自分の肌に合わないものが入っていないかを確認するようにしましょう。

日焼け止めの上手な活用法

✦日焼け止めをムラなく塗るコツがあります

日焼け止めは、毎日、２～３時間おきに、たっぷりとムラなく塗ることが大切です。ＰＡＲＴ１で説明したように、紫外線そのものが肌にダメージを与えるだけでなく、活性酸素もつくり出すので、シミやシワ、老化にとっては「最大の敵」と言っても過言ではありません。

日常の日焼け止めは、ノンケミカルでＳＰＦ30程度のものを選びます。

塗るときは、手の甲に５００円硬貨大に出し、指先を使って少しずつ塗ります。額、鼻、両頬、あごの5点にチョンチョンと置いてから伸ばすと、ムラなく広げられます。

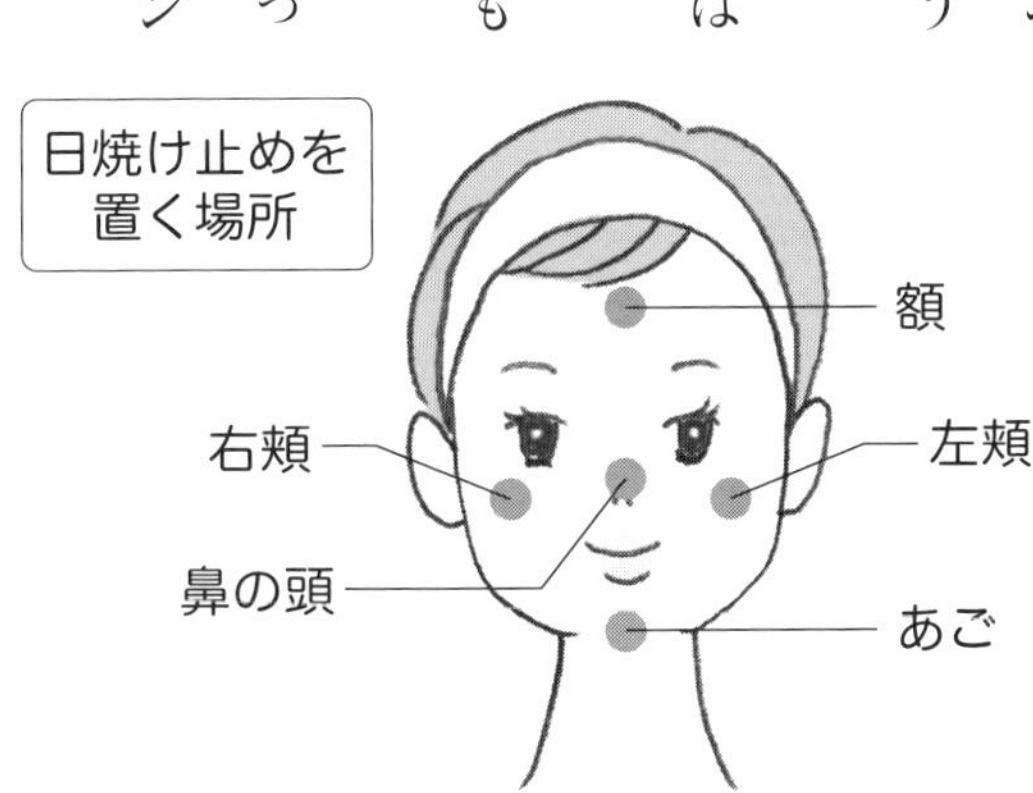

✦PAは「++」で大丈夫

日焼け止めに関して「SPF」の意味は先に説明しました（31ページ）が、もうひとつ示されている「PA」も説明しておきましょう（33ページ参照）。

PAとは「Protection Grade of UVA」の略です。UVAは真皮まで届く長い波長の紫外線でしたね。PAはこのUVAを防ぐ度合いを4段階の+マークで示したものです。「++」は「+」の2倍、「+++」は「++」の2倍となりますが、日常の生活であれば、「++」で充分です。

ファンデーションにも日焼け止め成分が入っているものがありますが、日焼け止めとファンデーションは別々のものを塗ったほうがよいでしょう。日焼け止めを塗り直すときは、ファンデーションの上からで構いません。

もし、日焼け止めを塗っていて、白いカスのようなものがポロポロと出てきたら、それは日焼け止めと化粧品の相性が悪いということです。日焼け止めと化粧品のメーカーをそろえてみたり、乳液やジェルタイプの日焼け止めではなく、クリームタイプに変えてみたりするなど、少し工夫してみましょう。

知っておきたい！ シワとシミに効果がある成分

✦シワを目立たなくする成分が確認されています

ここでは、気になるシワやシミへのセルフケアの一助となるように、それぞれに予防・解消効果が認められている成分を紹介します。市販店舗で購入する際にチェックしてみてください。不安な点などがあれば、薬剤師や医師に確認をしましょう。

① レチノイド

シワ対策としては、ターンオーバーを促す方法があります。

「レチノイド」には、皮膚のターンオーバーを活性化させ、「コラーゲン」や「ヒアルロン酸」の酸性化を促す作用があります。また、紫外線によるダメージを軽減させる効果も認められています。

レチノイドは、医薬部外品や化粧品などに用いられる、比較的マイルドな「レチニルエステル」や「レチノール」から、日本ではほとんど流通していない「レチナール」、医薬品に用いられる「トレチノイン」まで、濃度によって種類があります。

　人によっては刺激を感じたり発赤があったりするなどの副作用が出る場合があるので、最初は使う頻度を控える、低濃度から始めるなどの工夫をしたほうが無難です。

レチノイドの種類

トレチノイン	医薬品。通常0.05～0.2%が処方される。高濃度なほど刺激を感じやすいため、低濃度から始めるのが無難。
レチナール	1回でレチノイン酸に変換されるため、化粧品成分の中ではもっとも効果が高いが、日本国内ではほとんど流通していない。
レチノール	化粧品成分ではもっとも流通している成分。ただし、商品によって濃度にばらつきがあることが多い。
レチニルエステル	もっとも穏やかに作用するレチノイド。レチノイン酸に変換されるまでに時間（回数）がかかる分、効果も穏やか。

② ナイアシンアミド

「メラニンの生成を抑えてシミ・そばかすを防ぐ」といったキャッチコピーが与えられているものが多く見られます。美白効果のほか、抗シワ作用が認められています。

紫外線による真皮のコラーゲン減少を防ぎ、さらにコラーゲンの産生を促します。比較的低刺激なので、敏感肌の方にも使いやすいものだと言えます。

③ペプチド

「ペプチド」とはたんぱく質を構成するアミノ酸が結合した分子で、コラーゲン産生の増加に効果があるという報告があります。

ペプチドは刺激が比較的少ないので、目もとなどにも塗りやすいという利点があります。

④ニールワン®

2016年に日本で初めてシワの改善効果が認められた成分です。POLAが開発したもので、4つのアミノ酸誘導体で構成されています。

『ニールワン』は肌の弾力のもととなる「エラスチン」を分解する酵素である「好中球エラスターゼ」の働きを阻害することで、シワができるのを防ぎます。ニールワンは水に溶けて働くので、保湿してから塗ることが大切です。

✦「ビタミンC」でシミができにくい肌づくり

少し冷たい言い方になってしまいますが、一度できてしまったシミを、化粧品などで完全に消し去ることは、なかなか難しいのが現実です。ですから、シミ対策では、「予防すること」が大切になってきます。シミを消すのではなく、シミができにくいスキンケアを心がけましょう。

シミの予防への働きが期待できるのは、「ビタミンC」です。

「ビタミンエース」と呼ばれるビタミンA、C、Eは、私たちの「抗酸化力」を高めると考えられていますが（67ページ参照）、中でもビタミンCは、シミだけでなく、肌トラブル全般の予防・改善に働きが期待できるものです。

化粧品の場合、ビタミンCだけでは効果を発揮しにくい性質があるので、効果の安定性を向上させる成分を合わせた「ビタミンC誘導体」という呼び方で配合されることが多くなっています。

そのほか、セラミドやビタミンB群、グルタチオンなどにも、シミを予防する働きが期待できると考えられています。

✦肌の乾燥には「ヘパリン類似物質」が有効です

医薬品で「ヒルドイド®」という保湿剤がありますが、この有効成分が「ヘパリン」類似物質です。

乾燥に対して効果が高く、角層細胞の天然保湿因子（NMF）の産生を促します。

ラメラ構造が整った肌

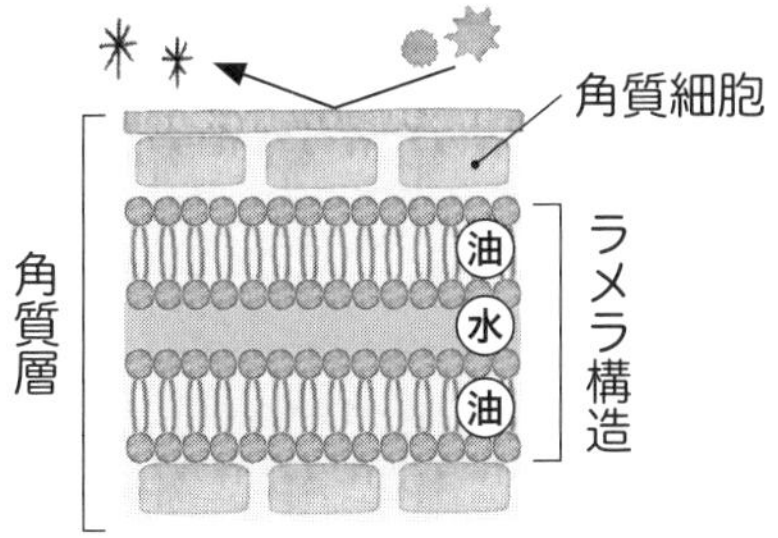

角質細胞
角質層
ラメラ構造
油
水
油

ラメラ構造が乱れた肌

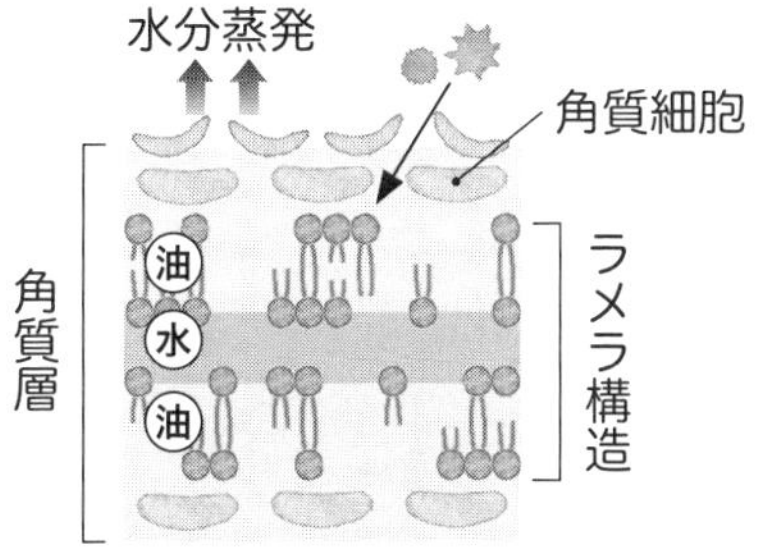

水分蒸発
角質細胞
角質層
ラメラ構造
油
水
油

さらに、表皮の角層では「角質」と「セラミド」が交互に層を成す「ラメラ構造」になっていますが、ヘパリン類似物質には、ラメラ構造の乱れを整える働きもあり、乾燥を予防・改善する効果が認められています。

近年では、医薬部外品も登場しているので、セルフケアにも利用しやすくなっています。

✦コラーゲンの内服にはエビデンスが不足しています

肌のハリを生み出すのは、主に「コラーゲン」の働きです。コラーゲンは20代後半から徐々に減少しはじめますが、これを補うためのコラーゲンドリンクやサプリメントなどが市販されており、実際、1日に5グラム以上のコラーゲンを摂取すると、1カ月程度で肌のハリに改善が見られたという報告もあります。

コラーゲンは分子が比較的大きく、吸収しにくいという特徴がありますから、コラーゲンの中でも「ペプチド」という低分子化されたもののほうが、吸収性は向上すると考えられます。ただし、コラーゲン内服の有効性検証は小規模なものが多く、エビデンスとしては不足していると言えるでしょう。

コラーゲンはたんぱく質の一種であり、たんぱく質が糖と結びつくと「糖化」します（23ページ参照）。たとえサプリメントでコラーゲンの減少を補えたとしても、血中に余剰の糖があればコラーゲンは糖化し、逆にハリが失われるばかりか、活性酸素をつくり出して「酸化」まで促してしまう恐れがあります。コラーゲン摂取の際は、その合成に必要な「ビタミンＣ」と「鉄分」を同時に摂取するとよいでしょう。

やってみましょう
「すこやか美人肌」エクササイズ

目の周りの筋肉（眼輪筋）や目を動かす筋肉（眼筋）を活性化して、目尻や目の周辺の代謝を促し、肌を元気にするエクササイズや、大きな筋肉を刺激して全身の機能向上を図る筋トレなどを紹介します。年齢を感じさせない「すこやか美人」な目もとと肌を取り戻すために、今日からゆっくり始めてみましょう。

指1本でできる！

目尻プッシュ

▶こぶしを握って、人差し指をカギ型にします。
▶第一関節と第二関節の間にできる平らな面を利用します。

▶1で準備した、第一関節と第二関節の間にできる平らな面を目尻のシワに当てます。
▶こすったり引っ張ったりせず、グーッと押しつけてシワを平らにするイメージで圧をかけて5秒維持します。
▶少し場所を変えて同様に圧をかけて5秒維持します。
▶反対側の目尻も同様に行ないます。

目尻のシワは眼輪筋（目の周りの筋肉）が硬くなっていることも原因のひとつ。こするのではなく押圧して眼輪筋を柔軟にしましょう。

▶2の状態から、圧をかけたまま、まぶたを10回ゆっくりと開閉します。
▶筋肉や肌の動きを指の面で感じるように意識します。
▶反対側の目尻も同様に行ないます。

「下がり目尻」を引き上げる！

頭皮アムアム

1

▶正面を向き、両手で頭全体を持ち上げるように挟みます。

▶両手の親指は側頭部の骨の凸凹しているところにひっかけ、後頭部の方向にグーッと引っぱり上げて５秒維持します。

▶５秒維持したら、引っぱり上げているのを戻します。

2

▶再び後頭部の方向にグーッと引っぱり上げて５秒維持し、次に「ア（開く）・ム（閉じる）・ア・ム・ア・ム・ア・ム……」と声を出しながら口を開閉し、「ア・ム」を10回繰り返します。

目もとのトラブル解消には、目の周りだけではなく、側頭筋のメンテナンスが効果アリ！　顔を触らないのでメークをしていても大丈夫。家事や仕事の合間にやってみましょう。

3

▶側頭筋は耳に上にある幅広い筋肉なので、親指の位置を変えて、同様に1、2を行ないます。

4

▶さらに後頭部に近い位置に親指を移動し、同様に1、2を行ないます。

アム・アム・アム…

「カチカチおでこ」をゆるめる！

額（ひたい）ほぐし

1

▶目を閉じて、親指以外の両手の指を眉毛の上にあたりに置き、左右に10回程度、上下に10回程度、肌を軽く動かします。

2

▶１の指の位置から少し上（額の上下中央）に移動し、同様に肌を軽く動かします。

▶さらに生え際まで移動し、同様に肌を軽く動かします。

額全体をほぐしましょう。

笑ったり目を見開いたり、眉をしかめたり……。毎日の暮らしの中で、意外と酷使されている額の筋肉。硬くなったおでこと頭皮をほぐして、頭部の緊張をゆるめましょう。

3

▶両手の指をすべて使って、グッグッグッ……と頭皮全体をマッサージします。

位置を変えて……

4

▶頭頂部から側頭部、後頭部まで、頭皮全体をほぐすイメージで。

老廃物の排出と代謝を促進！

フェースリンパ流し

1

▶人差し指、中指、薬指の腹を額の左右中央に置いてプッシュします。

▶同様に、瞳の上、眉尻の上もプッシュし、額に溜まっていた老廃物を徐々にこめかみに集めます。

2

▶ 1で眉尻の上を押したら、次に、薬指の腹でこめかみをギュッとプッシュします。

▶ 1、2を5回繰り返します。

年齢を重ねると、血流とともにリンパなどの流れも滞りがちに。目の周りのトラブルの原因にもなります。顔の老廃物の排出と新陳代謝を促して、フレッシュな肌を保ちましょう。

3

▶ 1、2を5回繰り返したら、こめかみから耳の前、首筋（胸鎖乳突筋）を通って、鎖骨のやや内側にあるくぼんだ部分へと、人差し指と中指で軽くプッシュしながら滑らせます。

▶ 指は肌の上を滑らせる程度の圧力で。肌が突っ張るほど強く押しつけて引っ張るのは、むしろ肌トラブルの原因になりかねないので、避けましょう。

4

▶人差し指と中指の腹で眉毛の上下を挟み、眉間から眉尻まで心地よい圧力で小刻みに押してほぐしていきます。

▶眼球を押さえるのは危険が伴うので、避けましょう。特に中指は、眼窩（がんか）（目のくぼみの骨）を押すイメージで。

＼ほぐす ほぐす…／

5

▶眉尻まで押してほぐしたら、再びこめかみをプッシュ。
▶4、5の流れを5回繰り返します。
▶その後、再び3を行ない、集めた老廃物をリンパ節に誘導します。

6

▶人差し指と中指、薬指の腹でやさしくパタパタとタッピングして、下まぶたをほぐします。

眼輪筋（目の周りの筋肉）を鍛える！

むすんで ひらいて

1

▶額に手を当てます。

2

▶まぶたをグッと閉じ、5秒維持します。

▶このとき、手のひらで額が下にずれないように押さえ、できるだけ目の周りの筋肉だけで目を閉じるようにします。

3

▶5秒維持したら、今度はまぶたを思い切り見開いて5秒維持します。

▶2、3を5回繰り返します。

筋肉の超回復で美肌を取り戻す！①

すこやか美人肌スクワット

1

▶両脚を肩幅より広めに開いて立ち、つま先は外に向けます。
▶両手は後頭部で軽く組み、背すじを伸ばします。

全身の筋肉の中でも大きな大臀筋（お尻の筋肉）と大腿四頭筋（太ももの前側の筋肉）、ハムストリングス（太ももの裏側の筋肉）などを鍛えます。

2
▶ゆっくりと腰を落とし、太ももが床と並行になるくらいまで下げられたら、ゆっくりと戻ります。
▶1、2を10回程度繰り返します。

▶慣れてきたら、「少しキツイな」と感じるくらい、少し汗ばむくらいまでがんばりましょう。

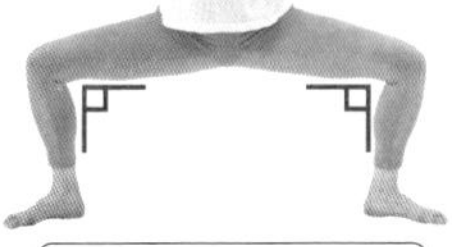
正面から見たところ

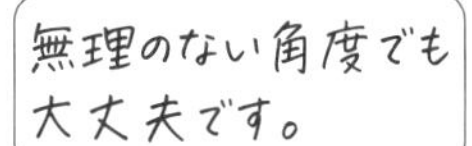

ポイント
☑背中を丸めたり腰を反らしたりせず、頭頂からお尻までが一直線になるように。
☑できるだけゆっくりと行なうのが理想ですが、ケガなどがないよう、できる範囲で。

筋肉の超回復で美肌を取り戻す！②

すこやか美人肌プッシュアップ

1

▶うつ伏せになり、両手を肩幅より広く床について腕を伸ばし、ひざと腕で体を支える姿勢になります。

▶頭頂からお尻までがなるべく一直線になるように意識しましょう。

ポイント

☑手とひざの間を広げると負荷が大きくなり、狭めると負荷が小さくなるので、無理のない範囲で、自分に合った間隔を見つけてください。

いわゆる「腕立て伏せ」ですが、ひざをつくことで負荷を軽減し、取り組みやすくアレンジしています。胸や二の腕の筋肉に効果があるとともに、肩関節の動きも円滑にします。

2

▶背中を丸めたり腰を反らしたりせず、頭頂からお尻までが一直線になるように維持しながら、上体をゆっくりと下げ、胸が床につくくらいまで下げたら、腕を伸ばして戻ります。

▶1、2を10回程度繰り返します。

▶慣れてきたら、「少しキツイな」と感じるくらい、少し汗ばむくらいまでがんばりましょう。

column

食べ方・飲み方でも若返る！

シワやシミなど、目の周りのトラブルに向き合うとき、注目していただきたい部位があります。

それは、舌です。舌は筋肉でできており、加齢などで舌が下がってくると、顔全体がたるんで、シワなどの原因のひとつになります。

試しに、あなたの舌が下がっていないか、チェックしてみましょう。

普段通りに口を閉じたときの舌の位置を確認してください。適切な位置は、舌先が上の前歯の中央にあり、舌の中央が口の天井（上顎）にぴったりくっついている状態です。

食べるときも飲むときも、これは変わりません。飲み物を飲むときにはアゴを上げて、上から流し入れるのではなく、コップのほうを傾けて飲み物を吸い込むように飲みます。食べるときも、舌で食べ物を口の天井に押しつけるようにしながら、左右の歯でしっかり噛みましょう。

PART 3

「目もとのお悩み」を予防・改善する毎日の「すこやか美人肌」習慣

有酸素運動で「抗酸化力」を高める

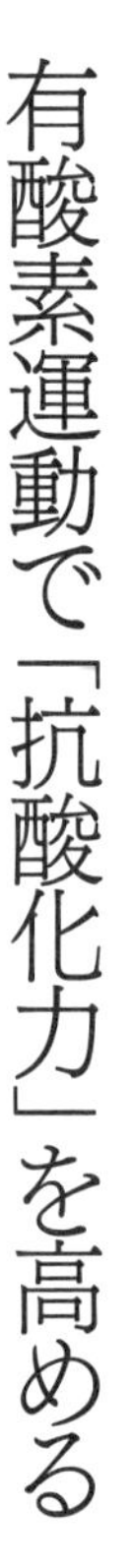

✦私たちの体は常に酸化しています

シワやシミの本当の原因は、体の「酸化」であり、それに拍車をかけているのが、体の「糖化」だと、PART1で説明しました（22ページ参照）。

「すこやか美人肌」を取り戻すには、まず体の酸化を防ぐことが大切なのですが、私たちは酸素を取り入れて生きていますから、酸化から完璧に逃れることはできません。

私たちは特別な運動をしていなくても、1分間に14～20回、1日に約2万回もの呼吸を行なっていますから、睡眠中も含めて、常に酸化が進行していると言えるのです。

酸化の怖いところは、細胞一つひとつを傷つけてしまうことです。細胞には酸化によってダメになった部分を再生する仕組みが備わっていますが、活性酸素の量が多くなると、その働きが追いつかず、それが顔の皮膚で生じた場合、シワやシミにつながってしまうのです。

有酸素運動と抗酸化酵素の量

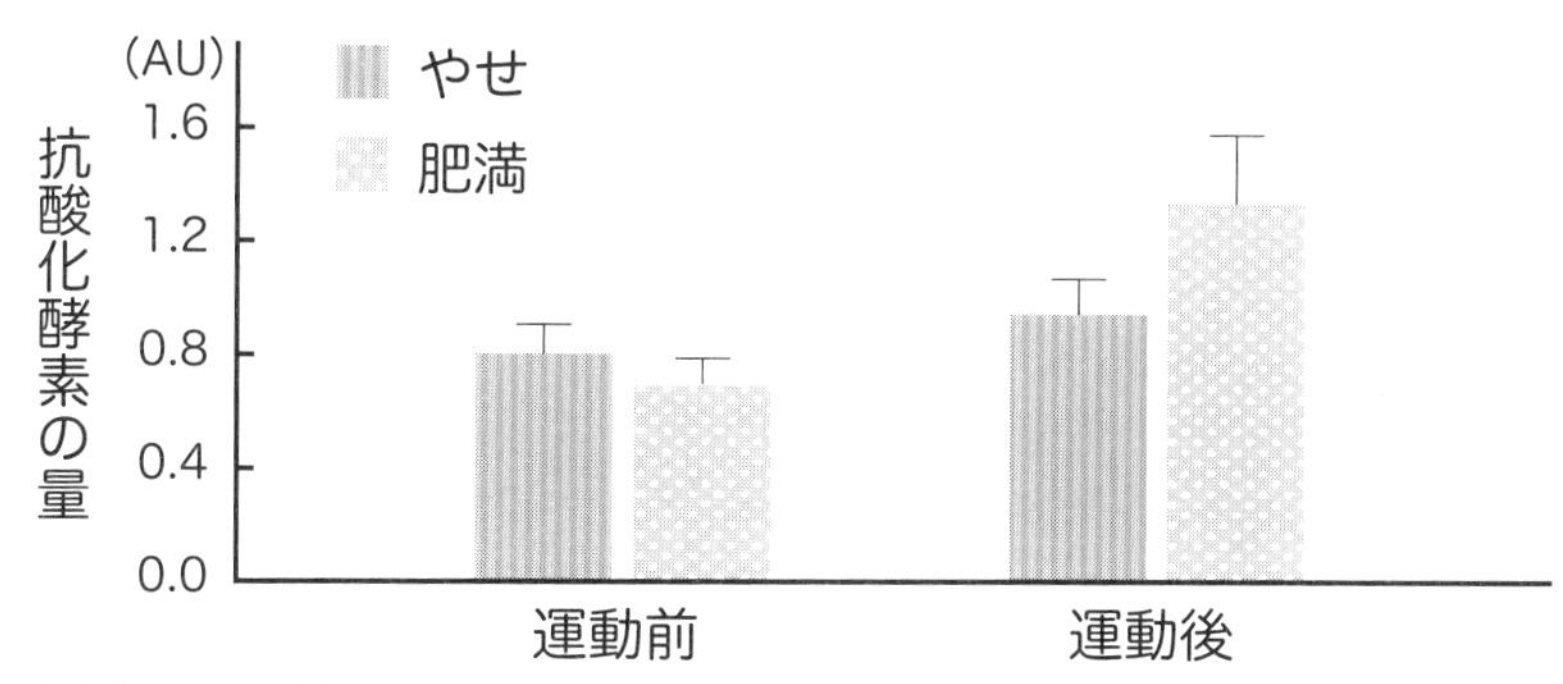

固定式自転車による試験。30分×週2回から始め、12週間後に60分×週3回まで強度を上げると、太った人もやせた人でも抗酸化酵素の量が向上した。

✦運動が「抗酸化力」を高めてくれます

酸化に対抗する力のことを「抗酸化力」と言います。私たちの体内にはもともと抗酸化力を備えた酵素が備わっている上に、「ビタミンエース」とも呼ばれるビタミンA、C、Eを積極的に摂ることで、抗酸化力を高めることができます。しかし、もっとも抗酸化力を高める方法は運動、特に有酸素運動を行なうことです。

運動をすると呼吸が速くなるため、余計に酸化が進みそうだと思われるかもしれません。しかし、運動によって一時的に酸化が進んでも、運動を継続することで、加速した酸化を打ち消せるほどに抗酸化力を高めることができるということが、近年の研究によって明らかになっています。

✦「やや息が切れるくらい」の運動を続けましょう

研究によれば、最大酸素摂取量の50〜60%レベルの運動が、抗酸化力を高めるには適していると言われています。これは「やや息が切れるくらい」の運動のことです。反対に、ハーハーと肩で息をしたり、ゼーゼーと息が上がったりするような過度な運動は、活性酸素を増やすことになってしまいます。なお、屋外で運動をする場合は、入念な紫外線対策を忘れないでくださいね。

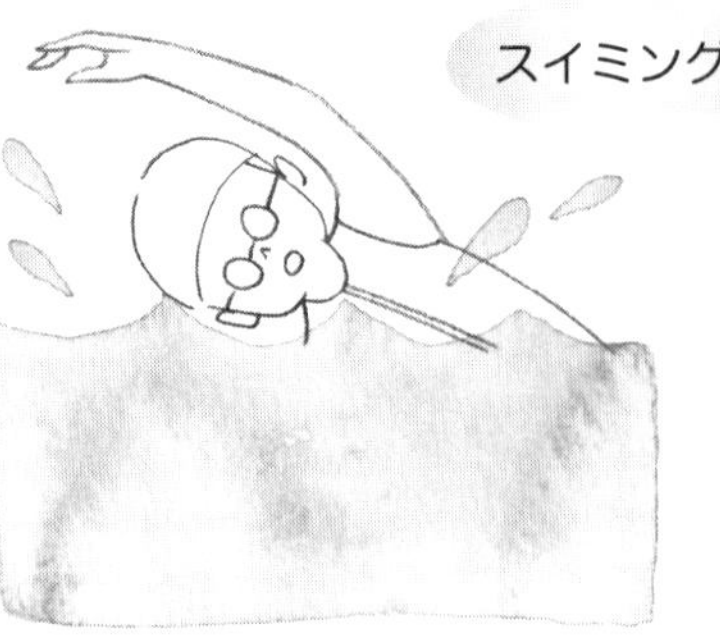

✦無理は禁物です

有酸素運動によって抗酸化力を向上させるには、心拍数を一定に保った状態で20〜30分間運動を継続するとよいと言われていますが、無理をする必要はありません。

最初の取り組みにおすすめなのは、「ラジオ体操」と「踏み台昇降」です。

ラジオ体操は「第1」が約3分、「第2」が約2分30秒です。さまざまな運動が巧みに組み合わせられており、継続して取り組めば、かなりの運動強度となります。

踏み台昇降は、低めのステップを昇ったり降りたりする運動です。階段や玄関の段差を利用してもよいですし、ホームセンターなどでも販売されています。

やってみましょう
踏み台昇降
（台の高さは10〜20センチ）

1
踏み台の前に立ちます。

2
右足を台に乗せます。

3
台の上に昇ります。

4
右足を台から下ろします。

5
元の姿勢に戻ります。左右の足を替えながら、それぞれ10〜20回程度行ないましょう。

⚠注意
- ☑バランスを崩して転倒しないよう注意してください。
- ☑壁や手すり、イスに手を添えながら行なっても大丈夫です。

筋トレでアンチエイジング

✦筋トレにはプラセンタ注射と同等の効果が期待できます

有酸素運動と並行して取り組んでいただきたいのが、筋肉トレーニング（筋トレ）です。

美容皮膚科では、美肌や若返りを目的に「プラセンタ注射」を施術することがあります。これは成長ホルモンを注射することで、自然治癒力を高めようとするものなのですが、適度な負荷の筋トレには、このプラセンタ注射と同様の効果があります。筋肉を刺激することで、内分泌器官がよく働くようになり、成長ホルモンをはじめとする、アンチエイジング効果のあるホルモンの分泌を促します。

さらに、インスリン様成長因子（IGF-1）というペプチドホルモンの分泌という「うれしい効果」もあります。これは筋肉から分泌されるもので、皮膚の血液量を増やし、「エラスチン」や「コラーゲン線維」の産生を促進してくれます。

大きな筋肉を動かしましょう

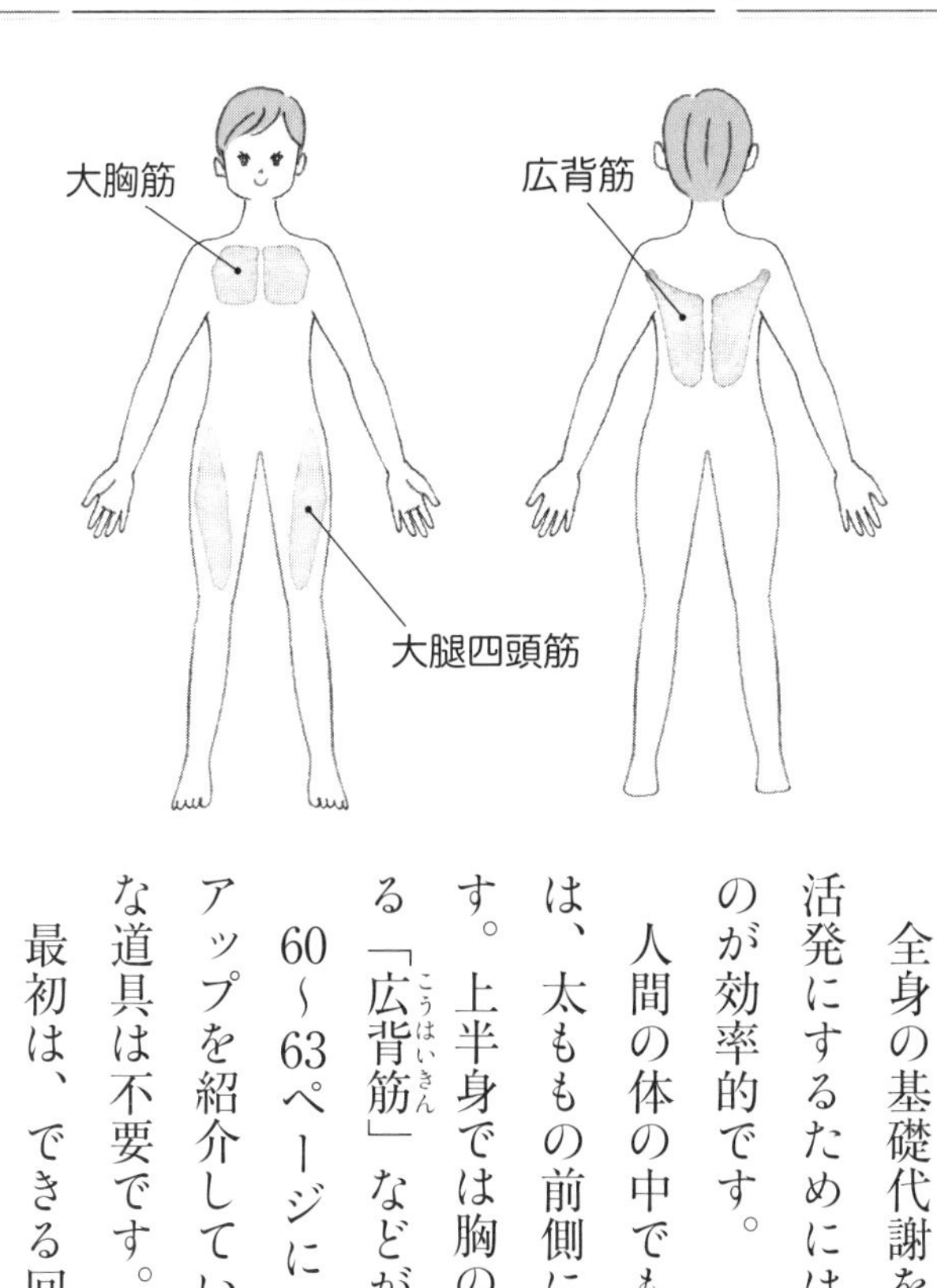

✦筋トレは大きな筋肉を動かしましょう

全身の基礎代謝を向上させ、新陳代謝を活発にするためには、大きな筋肉を鍛えるのが効率的です。

人間の体の中でもっとも面積が大きいのは、太ももの前側にある「大腿四頭筋」です。上半身では胸の「大胸筋」や背中にある「広背筋」などがそうです。

60～63ページにスクワットとプッシュアップを紹介していますが、いずれも特別な道具は不要です。

最初は、できる回数からでよいので、気楽に取り組んでみましょう。

✦筋トレは2～3日に一度で大丈夫です

「すこやか美人肌」のための筋トレで気をつけていただきたいのが、その頻度です。筋トレとなると、「続けなきゃ！」と意気込む方が多いのですが、それは逆効果です。週に2～3回程度で充分でしょう。

筋トレは、負荷によって筋肉に損傷を起こすわけですが、それによって筋線維の周囲にある筋サテライト細胞（衛生細胞）が増殖し、筋肉が大きくなります。これを「超回復」と呼びますが、超回復には通常48～72時間必要とされており、その時間を確保しないまま筋トレを続けると、筋肉が損傷した状態が続いてしまって効果が得にくいのです。

超回復期間には、充分な休養とともに、筋肉の源になる卵や肉類、魚類、豆などのたんぱく質食材を積極的に摂取しましょう。

トレーニングによって損傷した組織は、たんぱく質の構成成分であるアミノ酸によって修復されます。たんぱく質が不足していると、筋肉の修復が充分に行なわれないため、筋トレのあとにはプロテインなどでたんぱく質を摂取するのもおすすめです。

超回復で筋肉を元気に

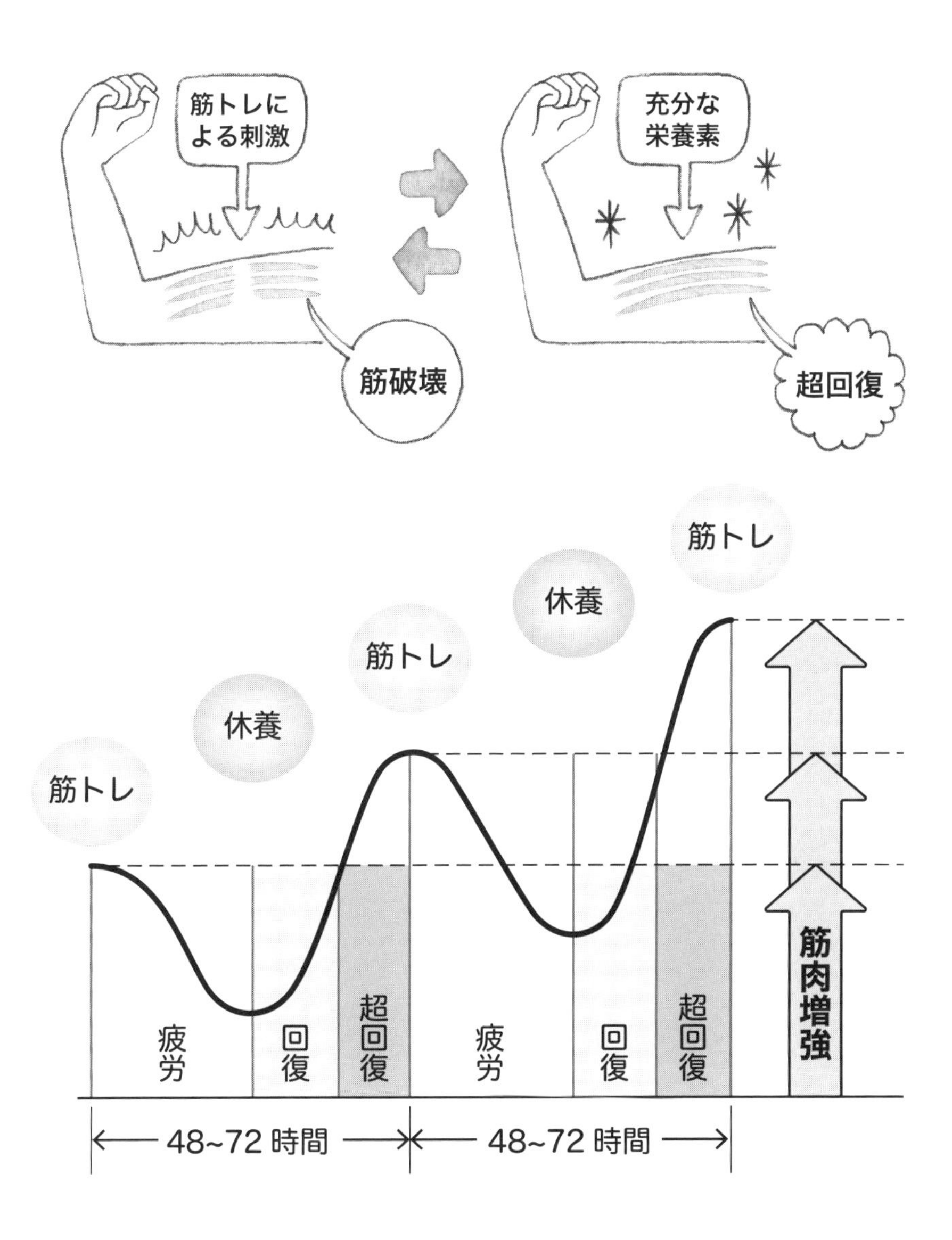

筋トレによる刺激
筋破壊
充分な栄養素
超回復
筋トレ
休養
筋トレ
休養
筋トレ
疲労
回復
超回復
疲労
回復
超回復
筋肉増強
48~72 時間
48~72 時間

「糖化」を防ぐ食べ方を心がける

✦糖化によって細胞のたんぱく質が劣化します

肌のハリや弾力を失わせ、シワやシミ、くすみなどの原因となる「糖化」は、エネルギーとして必要な量以上に摂取した糖質が体内でたんぱく質と結びつくことで起こります。糖化したたんぱく質によってＡＧＥｓ（終末糖化産物）が産生され、そのＡＧＥｓが健全なたんぱく質を攻撃します（23ページ）。私たちの体を構成する細胞は主にたんぱく質でできているので、糖化は酸化同様、体のすべての部分の老化・劣化につながります。糖化を抑える食事は、糖質がたんぱく質を上回らないように心がけていくことが基本です。

①「糖質」と「糖類」の違いを知りましょう

糖化を防ぐには、糖質の摂りすぎに注意することが必要だと説明しましたが、この

「糖質」について、改めて説明しておきますね。

「糖」と聞いてすぐに思い浮かぶのは、砂糖などの糖分だと思います。しかし、砂糖や果糖などは「糖類」であり、糖質の一部にすぎません。つまり、糖化を防ぎたいからといって甘いものを控えるだけでは不充分なのです。糖質とは、炭水化物から食物繊維を除いたもののことです。したがって、ご飯やパスタ、うどん、芋類などは、砂糖のような甘さはありませんが、「糖質」なのです。

みなさんの毎日の食事は、いかがですか？　朝食はトーストと砂糖たっぷりのコーヒー。昼食はうどんか丼もの。夕食はパスタ……、という具合では「糖質のオンパレード」です。糖化防止は、糖質を意識することから始めましょう。

②食べる順番を工夫しましょう

次に大切なのは、「糖化のタイミング」です。

「グルコース・スパイク」という言葉を聞いたことはありますか？　食後に起こる血糖値の急激な上昇（とその後の急降下）のことで、血糖値の変動自体は人間の自然な生理なのですが、血糖値が高い状態が続いたり、甘いものの間食などで1日に何度も

グルコース・スパイク

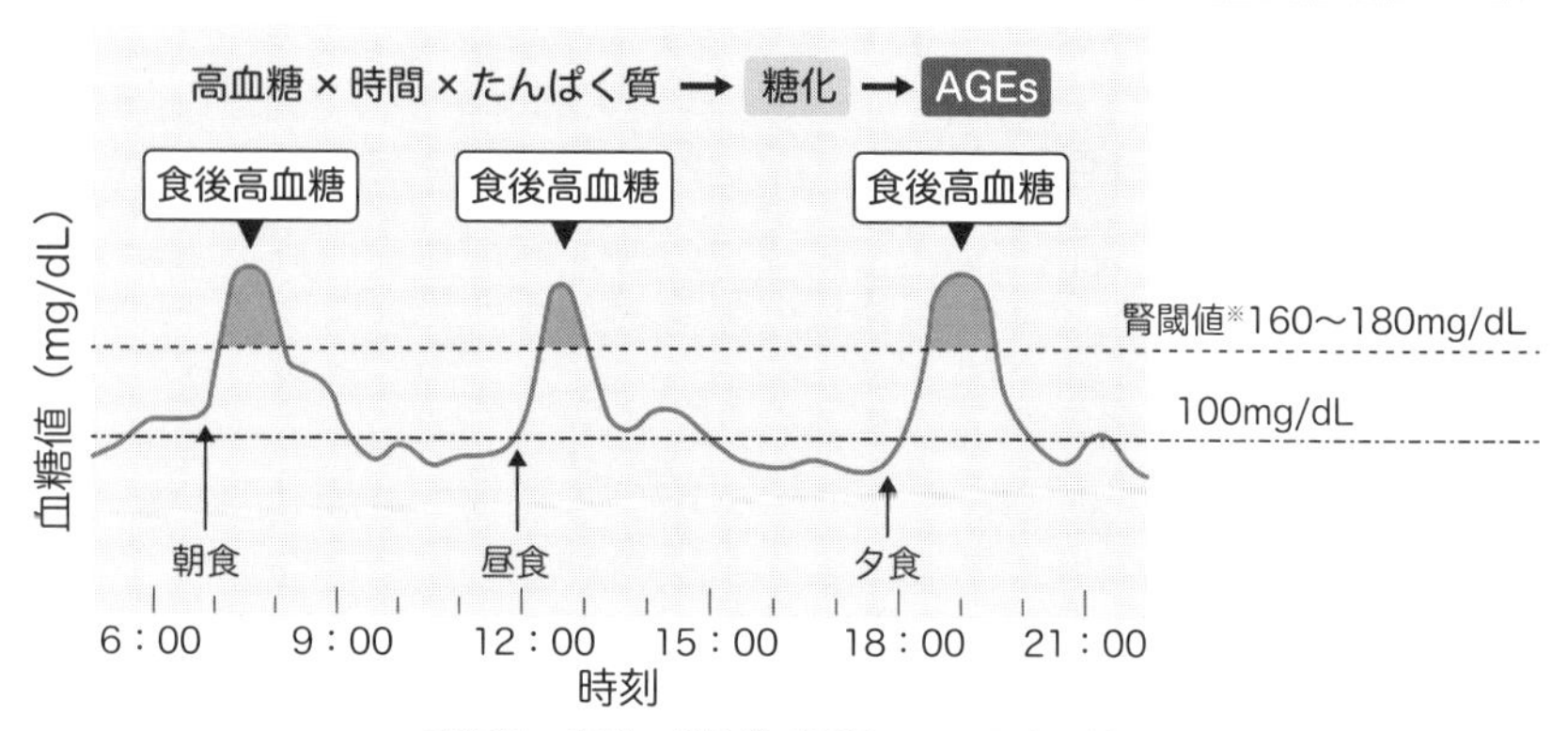

※腎閾値：腎臓の糖排泄「閾値」で、尿中に糖が排泄されるときの血糖値

血糖値が急上昇する機会をつくったりしてしまうと、体内で糖とたんぱく質が結合し、糖化が進んでしまうのです。

糖化を防ぐには、グルコース・スパイクをいかに低減させるか。また、高血糖のピークを低くとどめるかが大切です。

そのために意識したいのは、食べる順序です。糖質を摂る前に、食物繊維を含む食品を先に摂りましょう。これにより食後血糖値のピークが低くなります。食事には必ず炭水化物以外の副菜を用意し、それらを先に食べるようにします。「ベジタブル・ファースト」といって食物繊維の多い野菜やきのこを先に、と言われることがありますが、肉や魚などでも同様の効果があることが報告されています。

③食後には軽い運動を

「グルコース・スパイク」を減らすためには、食後に軽い運動を行なうことをおすすめします。

たとえば朝食後、パートやアルバイトの通勤の際にひと駅先の乗車駅まで歩くとか、近所を散歩するとか、拭き掃除などのしっかりと体を動かす家事をするなどです。

特に気をつけたいのは夜です。満腹になるまで食べてすぐに横になってしまうと、食べたもののエネルギーの大半が余剰となってしまいます。

さらに、就寝中にずっと高血糖の状態になると、AGEsの産生が促進されてしまいますので、遅くとも就寝の2時間前までには夕食を済ませるようにし、あと片づけなどの家事を軽く行なうなどして、体を動かしてから寝床に入るとよいでしょう。

④食材選びはGI値を参考に

糖化を防ぐには、「グルコース・スパイク」を予防することが大切だと、先に説明しましたが、参考になるのが「GI（グリセミック・インデックス）値」です。GI値とは、糖類の一つであるブドウ糖の血糖上昇率を100として、血糖値の上昇する割合を数値化したものです。

糖分（糖質）は、人間が生きていくための重要な栄養素ですから、糖分（糖質）の摂取は必要です。そこで大切になるのが、急激に血糖値を上げない食材を選ぶことです。GI値が低いほど血糖値が上がりにくいということですので、選ぶ際の参考にしてください。

日頃よく食べる食材が、次ページの表で「高GI」のほうにかたよっているという方は、注意が必要です。

カロリーが高いか低いかよりも、GI値の低い食材を選ぶことが大切です。

GI値が高い食材は軟らかく、消化吸収がよいものが多い傾向があります。硬い食材の場合でも、よく噛んで時間をかけて飲み込むため、食後の血糖値が上がりにくいという効果もあります。

身近な食材とGI値

GI値	身近な食材	
高GI（70以上）	穀　類	精白米　うどん　食パン　ロールパン　ビーフン　など
	野菜類 いも類	にんじん　とうもろこし　グリンピース　じゃがいも　など
中GI（56～69）	穀　類	玄米　おかゆ　そうめん　そば　パスタ　クロワッサン　など
	野菜類 いも類 果実類	かぼちゃ　長いも　里いも　さつまいも　パイナップル　すいか　バナナ　など
低GI（55以下）	穀　類	全粒粉パン　オールブランシリアル　など
	野菜類 豆　類 果実類	トマト　玉ねぎ　ごぼう　キャベツ　ほうれん草　ピーマン　だいこん　ブロッコリー　なす　きゅうり　もやし　レタス　豆腐　納豆　枝豆　桃　柿　りんご　キウイフルーツ　みかん　など

⑤「揚げる」「炒める」よりも「ゆでる」「蒸す」「生」

AGEsは、調理法によって変化することがわかっています。肉類や魚介類、卵類など、たんぱく質の多い食材は、高温調理によってAGEsが増えやすい傾向にありますから、同じ鶏肉を食べるなら、唐揚げより蒸し鶏、ジャガイモなら、フライドポテトより粉吹き芋というように意識してみましょう。

主な食材とAGEs量

分類	食品名	AGEs量(KU)	重量(g)
鶏肉・鶏肉加工食品	バーベキューチキン	16668	90
	鶏むね肉（20分揚げる）	8750	90
	皮なし鶏むね肉（15分焼く）	5245	90
	皮なし鶏むね肉（電子レンジで5分加熱）	1372	90
	皮なし鶏むね肉（15分ゆでる）	968	90
	皮なし鶏むね肉（生）	692	90
	チキンナゲット	7764	90
	皮つき鶏むね肉（ロースト・45分焼く）	5975	90
豚肉・豚肉加工品	ベーコン（豚・5分焼く）	11905	13
	ベーコン（豚・電子レンジで3分加熱）	1173	13
	ローストポーク	3190	90
	ハム（豚・スモーク）	2114	90
牛肉・牛肉加工品	フランクフルトソーセージ（牛・5分焼く）	10143	90
	フランクフルトソーセージ（牛・7分ゆでる）	6736	90
	ビーフステーキ（オリーブオイルで焼く）	9052	90
	ビーフステーキ（電子レンジで6分加熱）	2418	90
	ローストビーフ	5454	90
	ビーフハンバーガーパテ（ファストフード）	4876	90
魚介類	マグロ（しょう油に漬けて10分焼く）	4602	90
	マグロ（オイル缶詰）	1566	90
	マグロ（25分焼く）	827	90
	マグロ（生）	705	90
	鮭（オリーブオイルで焼く）	2775	90
	鮭（スモークサーモン）	515	90
	鮭（生）	475	90
	えび（マリネしてバーベキュー）	1880	90
	えび（マリネ）	903	90
卵	卵（目玉焼き）	1237	45
	ゆで卵（10分）	192	45
	卵黄（10分ゆでる）	179	15
	オムレツ（オリーブオイルで12分焼く）	101	30
	スクランブルエッグ（オリーブオイルで1分焼く）	73	30
	ポーチドエッグ（5分ゆでる）	27	30
	卵白（10分ゆでる）	13	30

（KUはAGEs量の単位）

⑥「16時間断食」をやってみましょう

私たち現代人は「食べすぎ」の状態にある方がほとんどです。

人間は消化吸収に多大なエネルギーを必要とするようにできており、1日3食しっかり食べると、その際に必要とされるエネルギー量は、フルマラソン1回分とも言われています。毎日、フルマラソンを走っていることを想像してみてください。体が悲鳴を上げていることが、簡単に想像できますよね。毎日の食事は「腹八分目」を心がけたいものです。

さらに、私がおすすめしたいのが「16時間断食」です。

近年では生活習慣病の予防・改善の分野でも取り入れられている方法で、1日のうち16時間「食べない時間」をつくるというものです。

食事をしてから10時間経過すると、いざというときのために肝臓に貯蔵されていた糖がなくなり、体内に蓄積された脂肪が分解されはじめます。

ここからさらに6時間が経過すると、細胞が自己成分を分解しはじめます。これを「オートファジー」と言いますが、要するに細胞自体が新しくなろうとする働きのことです。オートファジーは、体内の不要なものを材料にして新たなたんぱく質が生成され、新しい細胞がどんどんできていきます。体内の老廃物が一掃されるとともに、新しい細胞で満たされた体の各器官はいきいきと若返ります。このオートファジーが、まさにアンチエイジング効果を発揮するというわけです。

おすすめは、夕食を抜くことです。

昼食を正午に摂ったとすると、翌朝の6時で16時間です。夜10時に就寝すれば、16時間のうちの半分は眠っているわけですから、そう苦にはならないはずです。

もちろん毎日行なう必要はありません（ちなみに私は特別な予定がない限り、毎日夕食は摂りません）。「食べすぎたな」と感じたときだけでも構いませんし、習慣化するにしても週に1〜2回で充分でしょう。翌日から体が軽く感じられて頭もスッキリし、徐々に肌の若返りも感じられるようになるでしょう。

ナッツ150kcalあたりの糖質含有量

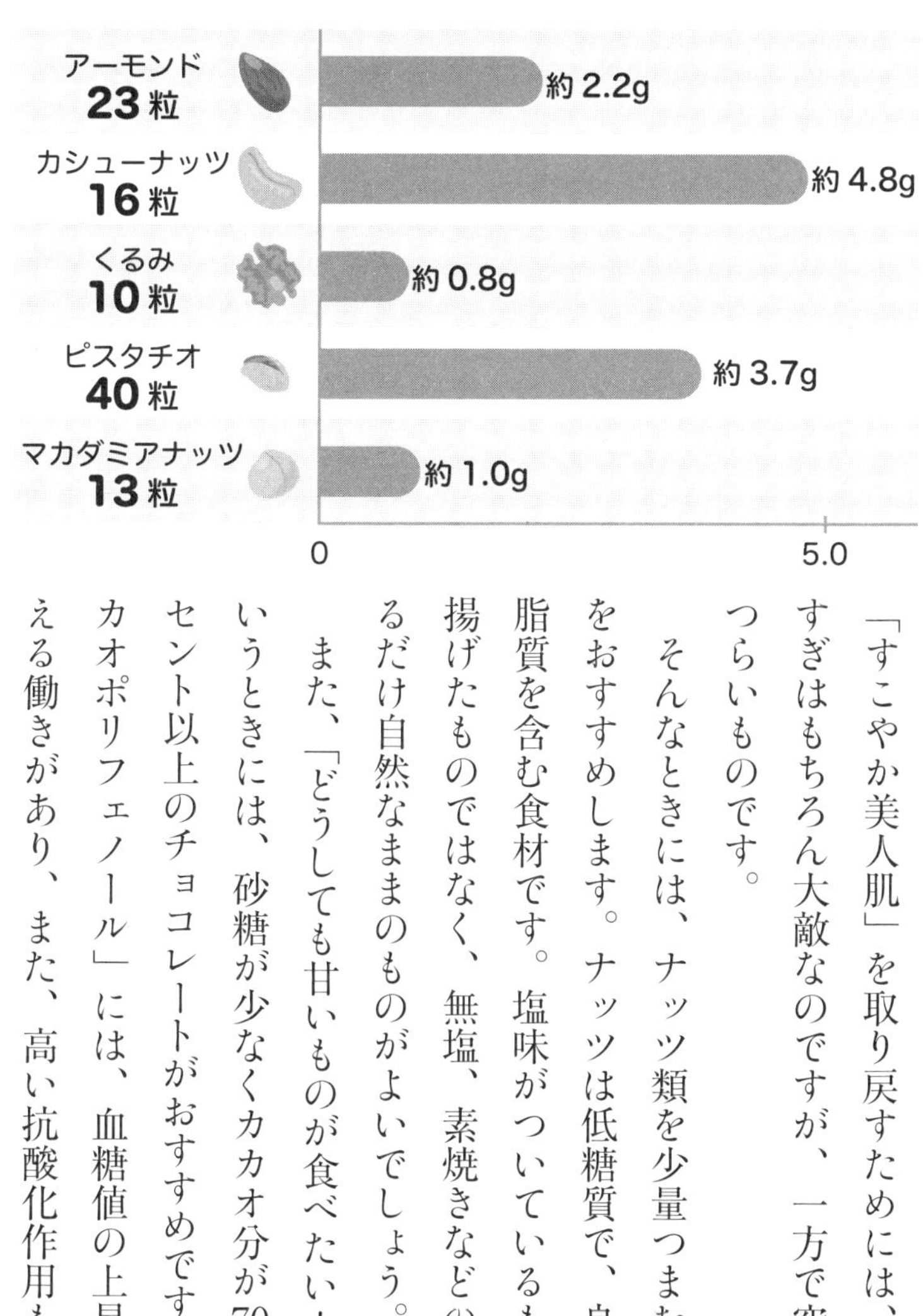

⑦小腹が空いたときはナッツやチョコレート

「すこやか美人肌」を取り戻すためには、食べすぎはもちろん大敵なのですが、一方で空腹はつらいものです。

そんなときには、ナッツ類を少量つまむことをおすすめします。ナッツは低糖質で、良質な脂質を含む食材です。塩味がついているもの、揚げたものではなく、無塩、素焼きなどのできるだけ自然なままのものがよいでしょう。

また、「どうしても甘いものが食べたい！」というときには、砂糖が少なくカカオ分が70パーセント以上のチョコレートがおすすめです。「カカオポリフェノール」には、血糖値の上昇を抑える働きがあり、また、高い抗酸化作用もあることがわかっています。

水をあなどることなかれ

✦飲み物で1日2リットルを摂りましょう

私たちの体の多くは、水分です。成人の場合、体重の約3分の2と言われますから、体重が50キログラムならおよそ33キログラムが水分だということになります。

大切な水分の不足は生命維持に支障をきたすだけではなく、シワやたるみにもつながります。肌のハリと弾力を保つ「コラーゲン」と「エラスチン」はその8〜9割が水分であり、それらの基となる「線維芽細胞（せんいがさいぼう）」は、水分が不足すると適切に機能しません。

体内の水分バランスを維持し、脱水や結石などの異常が生じないようにするには、成人の場合、1日に約2リットルの水分を摂る必要があります。ただしこの量は、食べ物から摂取する水分を含みません。食べ物以外の、飲み物から摂る水分量と考えてください。

✦白湯でこまめに水分補給

まず、水分を摂るタイミングですが、「喉が乾いた」と感じたときには、すでに軽い脱水状態にあると考えてください。常に手元に飲み物がある状態にし、喉が乾く前にこまめに水分補給を行ないましょう。

私たちは、呼吸をしているだけでも1日に1リットル程度の水分を失っています。また、水分を摂りすぎている場合は尿などによって調節されますから、「摂りすぎ」を心配する必要もあまりないと思います。

気をつけたいのは、就寝前です。睡眠中は発汗や呼吸で多くの水分が失われますから、必ずコップ1杯程度の水分を摂ってから寝床に入りましょう。

また起床時も、睡眠による脱水を補う意味でコップ1杯の水分補給を忘れずに。水分不足の解消だけでなく、胃腸をやさしく目覚めさせ、消化・吸収の準備を整えることにもつながります。

口にするのは、胃腸にやさしい白湯がおすすめです。浄水器の水や市販の天然水などを軽く沸かして、ホッとする程度の温度のものを飲んでください。

✦ケイ素入りミネラルウォーターでアンチエイジング

「体にやさしい」という意味で白湯をおすすめしましたが、ミネラルウォーターであれば、さらに積極的に肌にアプローチすることができます。

まず注目したいのが、ケイ素です。

「シリカ」と表示されていることが多いようですが、これは人体に不可欠なミネラルで、血管や細胞壁など、体の至るところに関係しています。

肌で見ると、コラーゲン代謝を高め、また、皮脂の過剰な蓄積やセルライト（お腹や太ももなどによく見られる肌がデコボコした状態のこと）の予防効果もあります。

ケイ素は体内で生成することができず、年齢によって減少していくものですから、ミネラルウォーターなどで補うことは、とても有意義なことだと思います。

また、水素水には期待できます。

水素水には「活性酸素」を除去する性質があり、さらに、脳内を含め、体のあらゆるところに入り込むことができるので、血流の促進効果もあります。水素水を選ぶ際には、水素濃度が１０００ｐｐｂ以上のものを選ぶのがポイントです。

＊ parts per billion の略。10億分のいくつであるかを表す語。濃度や成分比の単位に用いる。

✦清涼飲料水での水分摂取は糖化を招きます

コーヒーや紅茶、日本茶、アルコールなどは、言うまでもなく水分補給には向いていません。カフェインやアルコールには利尿作用があり、摂取した以上の水分を排出してしまうからです。

また、清涼飲料水もおすすめできません。それらの大半の商品には、「果糖ブドウ糖」という、血糖値を急上昇させる合成の糖類が多く含まれており、体の「糖化」の原因となるばかりでなく、それらの多量摂取は、むくみや肥満といった別の健康障害も引き起こします。みなさんがよくご存じの『○カリスエット』や『○クエリアス』もそうですので、注意してください。

毎日の入浴は「若返りタイム」

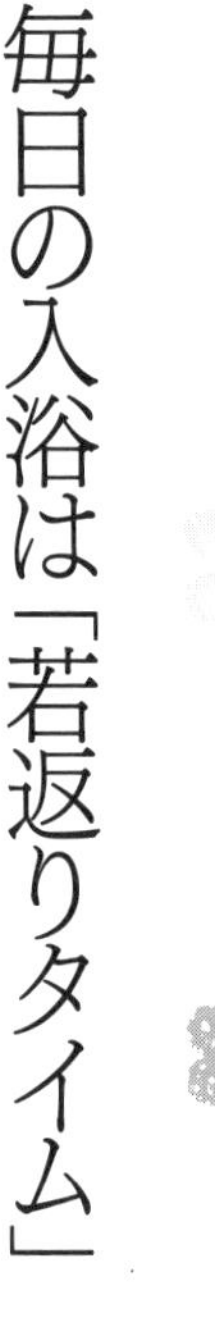

✦汗をかくまでしっかりと湯船に浸かりましょう

みなさんは、毎日のバスタイムをどのように過ごしていますか？

入浴にはさまざまな健康美容効果がありますので、これを利用しない手はありません。40℃程度のお湯に、汗が出るまでしっかりと浸かることが大切です。

入浴による健康美容効果のひとつ目は、温熱効果です。体が温まると血管が拡張し、血流が促進されます。すると、老廃物が排出されやすくなり、また、必要な栄養素が体のすみずみまで滞りなく行き渡りやすくなります。「すこやか美人肌」を取り戻すための「基本中の基本」とも言える習慣かもしれません。

健康美容効果のふたつ目は、「ヒートショックプロテイン」の増加です。

ヒートショックプロテインとは、傷んだ細胞を修復する働きを持ったたんぱく質のことで、疲労回復効果やデトックス（解毒・排毒）作用を発揮するだけでなく、免疫

ヒートショックプロテイン入浴法

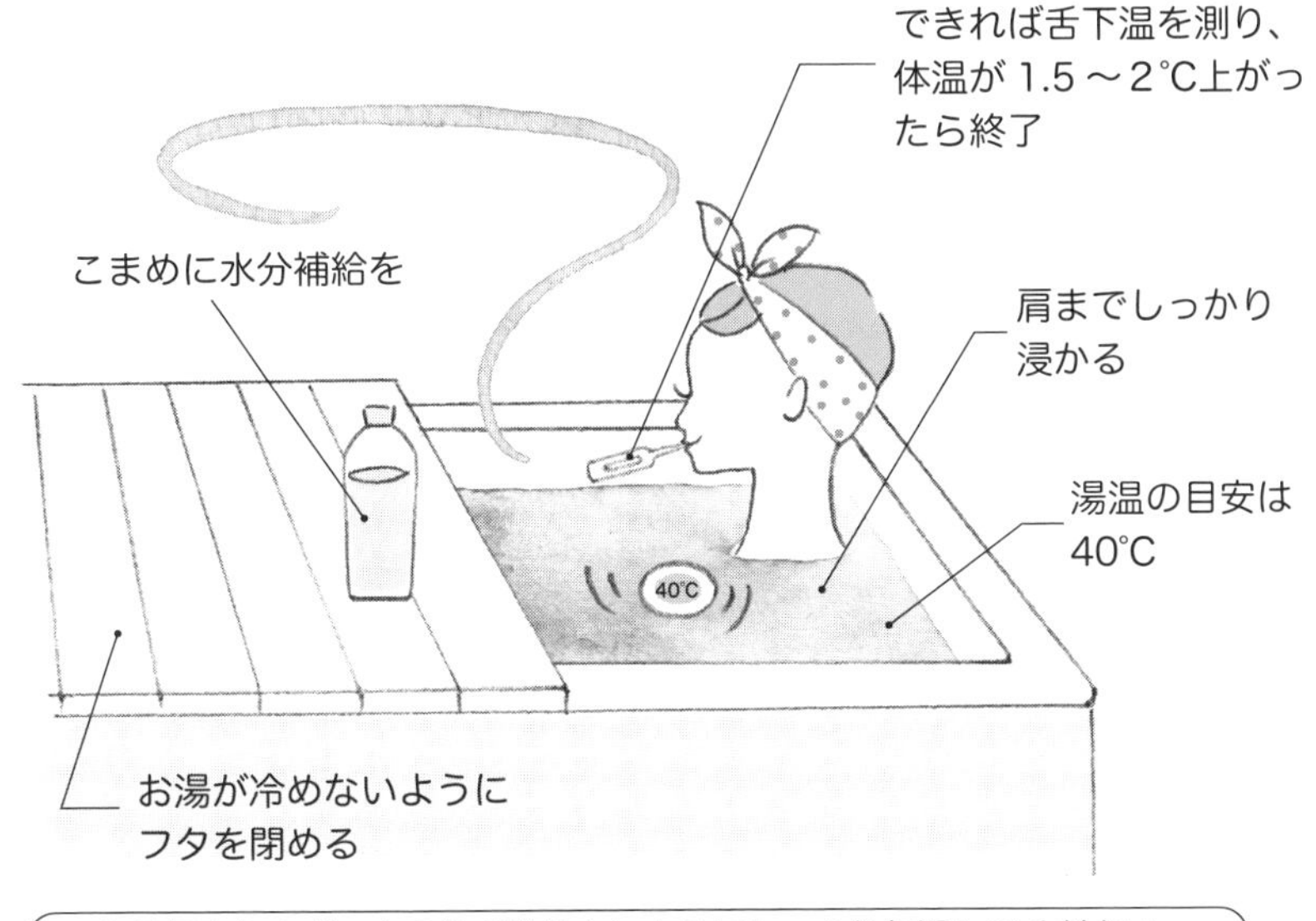

お風呂から上がったら体が冷えないようにしっかり保温してください。

力を向上させ、健康な肌を取り戻してくれるという「万能プロテイン」です。

ヒートショックプロテインは、体への熱の負荷（温めること）によって細胞内に発現するもので、深部体温を1℃上げるだけでも、その産生が相応に高まることがわかっています。

目安としては、40℃のお湯なら20分、42℃なら10分程度となりますが、43℃以上になると逆効果だとも言われていますので、上手に調節しながら入浴しましょう。

✦シャワーを直に顔に当てないよう注意

ヒートショックプロテインを増やすには、やや熱めのお湯に浸かることが大切ですが、一方で、シャワーで顔に直接熱いお湯をかけることは厳禁です。

洗顔の際には、たっぷりの泡でやさしく顔を包んだら、30～35℃程度のぬるま湯を手にすくって洗い流しましょう。お湯を顔にそっと当てるイメージです。

シャワーの水圧は、肌にとって過度な刺激となります。シャワーの水圧を感じた肌は、強い刺激から体を守ろうとして硬くなってしまいます。そのため、皮脂などでできた角栓が取れにくくなり、こじらせると炎症が起きたり、くすみやたるみの原因になったりします。

また、高い水圧や熱いお湯は真皮の奥にある「メラノサイト」を刺激し、シミの元となる「メラニン」の生成を促します。メラニンは角層まで上がってくると、正常なターンオーバーであれば剥がれ落ちますが、加齢によるターンオーバーの低下によって蓄積すると、シミになってしまいます（12ページ参照）。

また、熱すぎるお湯は、必要な皮脂まで落としてしまうこともあります。

「入眠後の3時間」が大切

✦ぐっすり眠れる環境づくり

「すこやか美人肌」には、成長ホルモンの分泌が大切です。成長ホルモンが少ないと糖代謝が低下、つまり、ＡＧＥｓが蓄積されやすくなります。

また、眠りを促すホルモンである「メラトニン」には優れた抗酸化作用があり、眠っている間に傷ついた細胞を修復、新陳代謝を促します。これら成長ホルモンやメラトニンは、入眠後90分から3時間の間の「ノンレム睡眠（深い眠り）」のときにもっとも多く分泌されますので、すぐに起きてしまわないよう睡眠環境を整えることが大切です。

寝室は静かに、ものの形がうっすら見える程度の暗さにします。清潔な寝具を用いることも大切です。睡眠の1時間前くらいからは部屋を暗めにし、テレビやスマホなどは避けるようにしましょう。寝る前に深呼吸をすると、スムーズに入眠できます。

ストレスと上手につき合う

✦ストレスも「酸化」の原因になります

毎日忙しく常に何かに追われている、あるいは人間関係に悩みがあるなど、肌のコンディションとは一見関係がなさそうな「心的ストレス」ですが、実はシワやシミをもたらす「酸化」の引き金になることがわかっています。

ストレスを感じると血管を縮める働きを持つ「交感神経」が優位になりますが、それが堪えきれなくなると、今度は一転して血管を拡張する「副交感神経」が優位になります。この切り替えのときに、酸化の原因となる「活性酸素」が発生するのです。

ストレスと無縁の生活を送るというのは現実的ではないかもしれませんが、自分に合った気分転換の方法を、いくつか身につけておくとよいと思います。

部屋に花を飾る。大声で歌を歌う。体操やダンス、散歩や軽い運動などで少し体を動かすなど、よい気分転換の方法を試してみましょう。

「美容皮膚科」に行ってみましょう

「美容皮膚科」って、どんなところ？

✦肌本来の機能を取り戻すことを目的としています

私は美容皮膚科の医師ですが、この「美容皮膚科」という言葉に耳馴染み（みみなじ）がない方も多くいらっしゃると思います。

皮膚科というと、皮膚炎や湿疹など肌のトラブルを治療・改善するところです。また、美容整形・美容外科もありますね。こちらは、患者さんの思いにできるだけ沿う目的で、姿形を調整するところと言えるでしょう。

美容皮膚科は、というと、皮膚炎や湿疹といった皮膚トラブルの治療改善とともに、その人が持つ本来の肌を取り戻すお手伝いをする医療機関です。皮膚炎や湿疹といった明らかな疾患ではないけれど、「もう少しシワが薄くなったらいいのに」「ここのシミだけでも目立たなくできたら……」といったみなさんの切実な思いを、医療の力でできるだけ叶えていくことが、私たち美容皮膚科医の目指すところです。

✦美容皮膚科受診とセルフケアをペアで行なうのが理想的

本書では、適切なスキンケアの方法やエクササイズ、おすすめしたい生活習慣などの「セルフケア」を中心に紹介してきました。

もちろん、本書を読むだけでも「すこやか美人肌」を取り戻していただけるように記述しましたが、そうはいっても肌の状態やみなさんが暮らしている環境は千差万別ですし、巷には魅惑的なスキンケア用品や化粧品が、数えきれないほど溢れています。

そんな中から、自分に合ったものを見つけるのは至難の業ですよね。成分表示もカタカナが並んでいるばかりで、専門知識がないとよくわかりません。

そんなときに訪れてほしいのが、美容皮膚科です。

「この化粧品は無添加と書いてあるけれど、本当に肌にいいの?」といった疑問や、「もう少しきれいな肌になったら、自信も取り戻せる気がする」といった美容に関する悩みまで、何でも相談していただいて結構です。

毎日のケアはセルフで行ないつつ、悩みや相談ごとが生じたら美容皮膚科へ、というように、両方を上手に使うのが、「すこやか美人肌」へのいちばんの近道です。

施術を検討するのはいつ、どんなとき？

✦施術を決めるのは患者さん自身です

美容皮膚科では、「シワを目立たなくする」「シミを薄くする（消す）」「肌を明るくする」といった目的で、さまざまな施術を行ないます。

「深刻な病気でもないのに、顔に何かをするなんて、何だか怖い」という漠然とした不安をお持ちの方も多いでしょう。美容皮膚科では、むやみに施術をおすすめすることは絶対にありませんし、患者さん各人の悩みや思いに沿って、丁寧に説明をして、最終的には患者さんご自身で選択していただきますので、心配しないでください。反対に、相談に訪れた時点で、そうしたカウンセリングを省いて、強引に施術を迫るような姿勢が見られるところは、用心したほうがよいかもしれません。

規模の大小を問わず、どのような専門機関でもそうですが、「主役はあくまでも患者さん自身」ということが軽視されるようであれば、別の選択肢を検討しましょう。

✦きっかけは「今までのファンデーションが合わなくなったとき」

私のクリニックの患者さんたちに「受診のきっかけ」を伺うと、結婚式や同窓会などの特別なシーンに合わせて、という場合もたしかにありますが、ある程度年齢を重ねられた方の場合は、「今まで使っていたファンデーションが白浮きするようになって……」「シワにファンデーションが溜まるようになって……」「ファンデーションやコンシーラーでシミが隠せなくなって……」といった方が多いように見受けられます。

何より私が残念なのは、シワやシミによって「自分に自信が持てなくなった」という声を聞くことです。年齢を重ねることは、決して嘆くことではないはずなのに、肌の状態が悪いだけで、その方自身の人生すべてが「うしろ向き」になってしまいがちなことは、やはり見過ごすことはできません。

近年ではさまざまな施術方法があり、いずれも高い安全性が確保されています。費用も、高価な化粧品をそろえるより、ずっと安上がりで済むことも多いものです。「一度、プロのアドバイスを聞いてみよう」というくらいの軽い気持ちで、美容皮膚科で受診してみましょう。きっと、よい解決方法が見つかると思います。

シワの予防・解消に効果が期待できる代表的な施術

✦ボトックス注射（1回5千円程度〜）

加齢などによってしっかりと刻まれてしまったシワを目立たなくする方法のひとつです。筋弛緩効果のある薬剤を気になるシワ周辺に注入し、表情筋の動きを抑制します。目もとのシワはもちろん、額（ひたい）のシワやエラの張りなども緩和することができます。施術後、数日で効果が出はじめ、２週間程度で完了します。

１回の注射で、効果は３〜６カ月持続します。また、継続して定期的に注入することで、シワの予防効果もあります。

ボトックスとは、アメリカ・アラガン社が開発した薬剤で、「ボツリヌストキシン」という成分が配合されています。もともとボツリヌストキシンは眼瞼痙攣（がんけんけいれん）や片側顔面痙攣などの施術に使用されている成分で、アメリカ食品安全局（ＦＤＡ）や厚生労働省の承認も得ており、正しい使用方法において安全です。

✦コラーゲンピール〈マッサージピール〉（1回2万円程度〜）

コラーゲンをつくり出す効果の高いPRX-T33という薬剤を、マッサージをしながら皮膚の奥深くまで浸透させる治療法です。

肌のターンオーバーを促進し、さらに薬剤の作用でコラーゲン、ヒアルロン酸の生成を促進することで、肌トラブルの解消を目指します。

PRX-T33には、高濃度トリクロ酢酸と低濃度の過酸化水素、コウジ酸が含まれています。肌の炎症を最小限に抑えながらも、コラーゲンの生成を促すのに効果的な薬剤です。

肌に薬剤を塗ってマッサージを施すことで、皮膚の奥深くにまで薬剤を浸透させます。肌のターンオーバーが促進されることにより、シミやそばかす、くすみ、小ジワ、毛穴の開きなどの解消を目指します。

ダウンタイム（施術を受けてから通常の生活に戻るまでの期間）はなく、施術後には即日メークも可能です。

✦水光注射（1回3万円程度〜）

細かい針がついたスタンプのような注射器で、気になる箇所に美容成分を注入するものです。痛みはほとんどありません。薬剤には強力な保水力を持つ微粒子「ヒアルロン酸」と、美白効果が期待できる「トラネキサム酸」が配合されており、表皮はもとより真皮にまで成分を行き渡らせることで、肌にハリと弾力を与えます。

目の周囲の小ジワやたるみなどを改善するとともに、肌の質感も整うので、メークの乗りもよくなります。効果はおよそ1カ月で、継続して注入すると、より効果が高まります。

✦ヒアルロン酸注射（1回4万5千円程度〜）

加齢とともに減少するヒアルロン酸を、皮膚の下の真皮層に注射する治療法です。水光注射と異なり、真皮のさらに奥の皮下に医師が直接ヒアルロン酸を注入します。シワやほうれい線、目の下のくぼみといったお悩みの改善に効果的です。

2週間ほどで徐々に体内に馴染み、効果は半年〜2年程度持続します。

シミの予防・解消に効果が期待できる代表的な施術

✦レーザートーニング（1回2万円程度～）

緩やかなレーザー光を照射することで、シミを薄くする施術です。従来のものと比較すると格段に痛みが軽減され、また、シミを薄くするだけでなく、肌全体のトーンを明るくする効果が期待できます。

レーザートーニングはダウンタイムがほとんどなく、施術当日からメークアップが可能です。

また、従来は肝斑（かんぱん）の治療ができませんでしたが、近年では広範囲にわたって均一に照射できる機器が開発されたので、肝斑の改善にも効果的な施術となっています。

シミの程度に合わせて照射回数を検討しますが、薄いシミの場合は、一度の照射で薄くなることもあります。

✦シミとりピンポイント照射（1回3千円程度〜）

薄くしたいシミにだけ反応するレーザー光を照射する方法です。照射されたシミは徐々に浮き上がり、1〜2週間で剥がれ落ちます。照射するレーザー光はピンポイントで熱ダメージを与えられるので、周辺の皮膚に影響がありません。

施術後は2週間程度、患部をガーゼなどで保護する必要がありますが、薄いシミであれば1回の施術で除去できることもあり、短期間で特定のシミを消したいという場合にはおすすめの施術です。

✦ケミカルピーリング（1回8千円程度〜）

「サリチル酸」を含む薬剤を肌に塗り、古い角質や汚れを溶かすことで肌のターンオーバーを整える方法です。ケミカルピーリングによって古い角質を除去すると、皮膚の表面で軽い炎症反応が起こり、肌がもともと備えている再生能力が活性化されます。シミやそばかすだけでなく、小ジワなどにも効果が期待できます。

肌質を改善するための代表的な施術

✦ダーマペン（1回3万円程度～）

ダーマペンとは、16本の超極細針で表皮から真皮にかけて垂直の穴を開けると同時に、針穴から「高濃度ビタミンA」「高濃度ビタミンC」「ヒアルロン酸」を浸透させる方法です。真皮にまでアプローチするので、さまざまな肌トラブルの改善が期待できます。

この方法は2010年頃に登場し、その後も改良が重ねられており、現在は2018年に登場した「ダーマペン4」が普及しています。針が極めて細く、使用感もとても滑らかです。

ダーマペンによって穴が開けられた皮膚は、自身の治癒力で修復すべく、「コラーゲン」や「エラスチン」の生成を促します。これにより、肌のハリや弾力を取り戻し、注入した薬剤によるツヤやキメの細かさの実現が期待できます。

効果が整うのは施術後1週間後くらいからで、初回は2週間に一度程度の施術を5回繰り返すことを推奨しています。施術後数日間は赤みが出る方が多いのですが、次第に収まります。多くの場合、施術後24時間後からメークアップが可能です。

なお、施術後は紫外線対策を入念に行なうこと、赤みのある間は長時間の入浴やサウナは控えること、保湿を丁寧に行なうことなどをお願いしています。

ダーマペンを用いた施術には、「コラーゲンピール」や「成長因子イオン導入」を組み合わせることができ、これらによって、さらなる効果アップが期待できます。

✦フォトRF〈フォトシルク〉（1回2万2千円程度〜）

肌に光エネルギーと高周波エネルギーを組み合わせたエナジー効果を与えることにより、気になるシミやくすみ、毛穴や赤ら顔の改善を目指す治療法です。レーザーに比べて痛みも軽減されています。

トラブルの原因にのみピンポイントにダメージを与えるため、それ以外の部分の肌は傷つけず、施術中の痛みも少ないのがポイントです。施術時間の目安は15分と短時間で完了し、ダウンタイムもほとんどありません。

治療直後には赤みが出ることもありますが、徐々に落ち着きますのでご安心くださ
い。即日メークも可能ですので、日常生活への支障も出にくくなっています。

✦イオン導入（1回7千円程度〜）

ビタミンCやビタミンAが肌に有効な成分であることは、ご存じの方も多いと思い
ます。しかしそれらの成分は、肌にそのまま塗るだけではなかなか浸透しにくいもの
です。イオン導入はそれらの成分に微弱な電流を流すことで、肌に浸透しやすくする
治療法です。

私のクリニックのイオン導入で使用する薬剤のベースは、高濃度ビタミンC・ビタ
ミンAの2種類です。イオン導入を行なうと、そのまま肌に塗る場合と比べて、約40
倍も肌に浸透しやすくなるとされています。

シミ、そばかすや肝斑、くすみ、炎症後色素沈着やニキビ、ニキビ跡、乾燥肌や赤
ら顔など、さまざまな肌トラブルの改善に効果的です。施術時間は15分程度で、ダウ
ンタイムもなく、施術後すぐに日常生活に戻ることができます。

「安心できる美容皮膚科」はこうして選びましょう

✦自分に合うかどうかを自分でしっかり確認しましょう

安心・安全に、気持ちよく、満足できる施術を受けるには、美容皮膚科選びも大切です。

「自分に合う美容皮膚科」は、どのように探せばよいのでしょうか？

ためらっていては、あなたにぴったりの美容皮膚科との「よい出合い」もありませんから、まずは目星をつけたところに電話をしてみて、悩みや不安を相談してみましょう。その段階で、あなたの相談事がそこで改善できるかどうかは、おおよそ見当がつきますし、話しやすい、相談しやすい雰囲気かどうかも察しがつくと思います。

また、可能であれば、その美容皮膚科のホームページを確認してみましょう。時間が許せば、複数のところのホームページを見比べてみてください。

美容皮膚科の場合、施術によっては自費診療になることもあり、その費用設定はそれぞれに任されています。安ければよい、高ければよいというわけではなく、適正な費用であることが大切ですので、いくつかの美容皮膚科を比較して、特に理由も定かではないのに、むやみに安価・高価であるような場合には、検討の余地がありそうです。また、広告宣伝費などがかさんでいる分を施術料金に上乗せしているところもあるかもしれません。適正な価格を知るには、いくつかの美容皮膚科を比較するのがいちばんです。

✦無料カウンセリングは積極的に利用しましょう

電話やホームページでの確認ののち、問題がなさそうだと感じたら、予約をして一度実際に訪れてみましょう。

初回のカウンセリング（相談）を無料で実施しているところも多いので、その場合は積極的に活用しましょう。「無料で受けてしまったら、施術を断れないのでは？」と心配される方もいらっしゃいますが、その気遣いは無用です。実際、無料カウンセリングのみの利用という方はたくさんおられますし、私たちとしても、施術を無理強いするのはナンセンスだと考えています。気軽に相談なさってよいと思います。

実際に訪れたら、医師だけでなく、スタッフの雰囲気はどうか、施設は清潔で整理・整頓が行き届いているか、フィーリングが合うかどうかなども観察してみてください。スタッフがイキイキしているかどうかは、意外と大事なチェックポイントです。

一方、あまり気にしなくてもいいのは、機器が最新かどうかです。現在主流となって広く利用されているものであれば、最新鋭でなくても性能は充分に安定しています。医師に求められるのは、患者さんにもっとも適した方法を提案し、施術することであり、機器の新旧ではありません。最新かどうかは、みなさんが機器をご覧になっても判断がつかないと思いますが、にもかかわらず、ホームページや問診などで、その点をむやみに強調するようなところでの施術は、一度冷静に考え直したほうがよいかもしれません。

✦デメリットの説明も大切です

どんなに雰囲気がよく、素敵な施設であっても、「必要なこと」を隠すようなところはおすすめできません。施術に関して言えば、そのメリットに加え、デメリットや副作用、アフターケアやフォロー体制についても、丁寧に説明してくれるところを選びましょう。メリットとデメリットについては、みなさんが尋ねる前に、美容皮膚科のほうからしっかりと開示すべきだと、私は考えています。

✦内側と外側から美にアプローチしましょう

私のクリニックの理念は、「内側と外側から美にアプローチする」です。

肌のトラブルは、腸内環境やホルモンバランス、生活習慣の乱れなども大きな原因となります。真に美しく輝くためには、肌（外側）だけでなく、健康づくり、つまり「内側」を整えることも大切だと考えています。

私のクリニックでは問診票をもとにカウンセリングを行ない、食生活などの生活習慣の改善点もアドバイスしています。現在はインターネットなどの普及により、さまざまな情報を簡単に入手できますが、誤った情報があるのも事実です。間違ったケアで症状を悪化させないためにも、「正しい知識」を得ることが大切です。

目指しているのは、内側・外側の両側から女性をサポートするクリニックです。自費診療の場合は無料カウンセリングを行なっていますので、健康や肌の悩みをお持ちの方は、お気軽にご相談ください。

おわりに

私は美容皮膚科医であるとともに、抗加齢医学専門医でもあります。

抗加齢医学専門医とは、みなさんの健康寿命をできるだけ延ばし、充実した人生を送っていただくための医師のことです。

いわば、「老化予防のプロフェッショナル」ですから、誰しもが直面する「老化」にどのように向き合っていくのかを、みなさんお一人おひとりに合わせて指導・アドバイスさせていただいています。


私がみなさんによくお話しするのは、「外見の若々しさは、内面の若々しさに比例している」ということです。

シワやシミといったすでに起きているトラブルに関してはセルフケアや美容皮膚科を利用していただくのがいちばんですが、内面の若々しさを保ち、老化を予防するには、日々の生活習慣や「心の持ち方」なども、とても大切になってきます。

本書では、エビデンス（医学的根拠）に基づき、かつ、どなたでも気軽に取り組める方法を紹介しました。

シワやシミにその都度一喜一憂するのではなく、みなさんご自身の「自然治癒力」と「健康的に美しくなる力」を信じて、明るく気楽に取り組んでみてください。

そうして自分に自信を持っている方こそが、もっとも輝いている女性なのだと、私は確信しています。

山本周平

【著者紹介】

山本周平（やまもと・しゅうへい）

美容皮膚科医・抗加齢医学専門医（エイジングケアの専門医）。

神戸大学医学部卒業後、製鉄記念広畑病院にて形成外科・皮膚科・内科に勤務。その後、大手美容クリニックをはじめ複数のクリニックにて勤務、院長を歴任。多くの方々に健康と美を通して喜んでいただきたいという思いから、2019年8月に西宮SHUHEI美容クリニックを開院。2020年に医療法人康徳会理事長に就任。2021年にはKOBE CLINIC岡本院・福岡院の2院を開院。その地域で多くの方々の支持を得て、喜ばれている。外側と内側の両面からアプローチし、見た目の美しさだけでなく内面からも健康に、そして、真に美しくなるための医療を目指している。自身はベストボディージャパン（健康美を競う大会）にて部門別準グランプリに輝く。著書に『美容皮膚科医が教える「完全毛穴レス肌」を叶える8つの美肌習慣』（クロスメディア・パブリッシング）がある。

 西宮SHUHEI美容クリニック

 KOBE CLINIC岡本院・福岡院

 YouTubeチャンネル 西宮SHUHEI美容クリニック

［参考文献・出典］
『美容皮膚科医が教える「完全毛穴レス肌」を叶える8つの美肌習慣』山本周平（クロスメディア・パブリッシング）
『すっぴん肌が好きになる 肌トラブル大全』小林智子（WAVE出版）
『スキンケア大全』すみしょう（KADOKAWA）
「紫外線防止用化粧品と紫外線防止効果」（日本化粧品工業連合会編）
Samjoo IA et al.Nutriton & Diabetes（2013）1-10
J Am Diet Assoc.;110.911-916.2010
くすりの健康日本堂／資生堂／東洋ナッツ食品／林原／美的／毎日が発見／CUSTOM LIFE／Precious／uFit 各ホームページ

美容皮膚科医が教える
もう悩まない！ 目尻のシワ・目もとのシミはこうして防ぐ・改善する

2022年8月10日　第1版第1刷発行

著　者　山本周平
発行者　村上雅基
発行所　株式会社PHP研究所
京都本部　〒601-8411　京都市南区西九条北ノ内町11
〔内容のお問い合わせは〕教育出版部 ☎075-681-8732
〔購入のお問い合わせは〕普及グループ ☎075-681-8818
印刷所　大日本印刷株式会社

ISBN978-4-569-85290-4